家庭教育艺术
JIAOYU YISHU

U0459259

# 孩 子
## 为你自己读书

衡孝芬 / 编著

民主与建设出版社

**图书在版编目（ＣＩＰ）数据**

孩子为你自己读书 / 衡孝芬编著. -- 北京：民主
与建设出版社，2019.11

（家庭教育艺术）

ISBN 978-7-5139-2426-9

Ⅰ.①孩… Ⅱ.①衡… Ⅲ.①青少年教育－家庭教育
Ⅳ.①G782

中国版本图书馆CIP数据核字(2019)第269539号

**孩子为你自己读书**

HAI ZI WEI NI ZI JI DU SHU

| | |
|---|---|
| 出 版 人 | 李声笑 |
| 编　　著 | 衡孝芬 |
| 责任编辑 | 刘树民 |
| 封面设计 | 三石工作室 |
| 出版发行 | 民主与建设出版社有限责任公司 |
| 电　　话 | （010）59417747 59419778 |
| 社　　址 | 北京市海淀区西三环中路10号望海楼E座7层 |
| 邮　　编 | 100142 |
| 印　　刷 | 三河市天润建兴印务有限公司 |
| 版　　次 | 2019年11月第1版 |
| 印　　次 | 2020年1月第1次印刷 |
| 开　　本 | 880毫米×1230毫米　　1/32 |
| 印　　张 | 30 |
| 字　　数 | 756千字 |
| 书　　号 | ISBN 978-7-5139-2426-9 |
| 定　　价 | 198.00元（全六册） |

注：如有印、装质量问题，请与出版社联系。

　　家庭教育通常是指在家庭生活中，由家长对其子女实施的教育。这里的家长主要是指父母，当然也包括其他家庭成员。家庭教育是父母有意识地通过自己的言传身教和家庭生活实践，对子女施以一定教育影响的社会活动。

　　人的一生中必须要接受三种教育，那就是家庭教育，学校教育和社会教育。每个孩子一出生，家庭教育就已经在无形中产生了。家庭教育是伴随其一生的教育，因此有一句话说"父母是孩子最好的老师"。想要培养孩子良好的心理素质和行为习惯，就必须经历这种不间断的教育过程。

　　苏联著名教育学家苏霍姆林斯基曾把孩子比作一块大理石，他说："把这块大理石塑造成一座雕像需要六位雕塑家：一是家庭，二是学校，三是儿童所在的集体，四是儿童本人，五是书籍，六是偶然出现的因素。"从排列顺序上看，家庭被列在首位，可以看出家庭教育在这位教育学家心中占据相当重要的地位。

　　家庭教育是一门艺术，家庭教育的好坏常常影响一个孩子的一生，一个人在未来能否取得大的成就在很大程度上取决于其家庭教育的好坏。纵观古今，一个人的发展受成长环境的影响极大，往往各个领域的优秀人才，十之八九都是受过良好家庭教育的人。

同学校教育相比，家庭教育更加具有连续性，对孩子的影响也更大。所以，要想培养出优秀的孩子，家长就必须要有正确的教育观念，合理利用一切教育资源，掌握家庭教育的艺术。

为了帮助各位父母解决家庭教育的困惑，我们特地编撰了本套丛书，包括《好性格让孩子受用终生》《正面管教孩子》《孩子为你自己读书》《听孩子说胜过对孩子说》《高情商孩子培养术》《洛克菲勒给孩子的38封信》六册书，分别讲述了作为父母如何培养孩子的独立性格、怎样提高孩子的情商、如何培养孩子的学习精神、怎样尊重孩子、如何教育孩子成才等诸多问题。这些家庭教育艺术的不同侧面，为我们培养孩子健康成长提供了全方位的借鉴和参考。

总之，本套书集针对性、指导性和实用性于一体，融汇了教育孩子的不同方法和诸多措施，是进行家庭教育的良好读本，适合不同年龄段孩子的父母学习和珍藏。

# 目　录

# 第一章

# 爱问为什么

作为青少年，如果我们真心希望自己能不断增长知识，那么就得像小时候一样充满好奇心。因为好奇心是成长的原动力，只有当自己提问的能力越强，我们的思维才会越活跃，思想才会越深刻。

# 充满好奇：做个爱提问的孩子

青少年朋友，你知道吗？我们每个人从出生开始，就睁着一双圆溜溜的充满好奇的眼睛，开始了对这个世界不断的探索和发现。小小的我们，在妈妈的怀里急切地想要吸吮妈妈的乳汁，这是我们的生存本能。也就是说，我们从出生开始就有探索和发现的本能。

为什么月亮有时候圆有时候弯呢？

为什么花儿有时候开有时候落呢？

为什么太阳白天出来，月亮晚上出来呢？

为什么冰雪会融化呢？

为什么小鸟是在天空飞翔，而鱼是在水里游呢？

……

小时候的我们，心里藏着无数个为什么。我们每天除了吃饭睡觉之外，几乎把所有时间都花在探索和提问上了，我们所经历的一切都是在学习、学习、再学习！

对一切都很好奇，喜欢问这问那，这就是我们人类的天性，也是我们生存的本能。不过，随着我们渐渐长大，很多男孩女孩似乎已经丢掉了那颗好奇心。如今的你还在不断地进行探索和发现吗？

其实，爱提问是不分年龄的，就算我们长大了，我们依然要做个爱提问的好孩子，因为提问题是我们对学习欲望的一种激发过程，通过提问，我们才能知道自己原来有那么多事情不知道。

当我们背着书包走进校园，读书学习的时候，我们便开始通过读书获取知识，一个个地解决心中的问题。因此，读书是我们的一种成长方式，也是我们成长的需要。

不过，学习的方式多种多样，读书只是其中的一种。所谓学习，也就是做学问，要想学得好，就要又学又问，连续不断地提问，提问题并解答问题，是引导我们一步步取得进步的阶梯。当我们顺着提问的方向去思考时，便实现了自我升级。

当我们在学习或读书过程中提出问题的时候，大脑会自动搜索多个答案，从而提高我们的学习效率。从这个角度说，一个好的问题胜过一个答案。

　　美国有一个中学生叫威廉·袁，他在三年级的时候迷恋上了科学。到了四年级，他开始沉迷于海洋学、纳米科技和可再生能源，整日沉浸在这些知识的学习中。

　　11岁的时候，他开始在美国波特兰大学研究纳米成像技术。有一次做实验的时候，他突然萌发了一个念头：是否可以通过两个凹面的反射，使一个三维的太阳能电池既能吸收可见光，又能吸收紫外线呢？

　　带着这个问题，威廉·袁开始了自己的实验，两年后，他成功地发明了新型太阳能电池。

看吧，问号就是这样神奇，它就像打开智慧宝库的金钥匙。一个人如果爱问问题，那他离成功还会远吗？

# 盘根问底：不懂一定要问清楚

俗话说："问是学之师，知之母。"在学习和生活中，即便是那些优秀的学生，也不一定什么事都比别人知道得多，也不一定什么都懂。不怕有问题，就怕没有发现问题。所以，我们青少年应该带着问题学习，提高自己的思维能力。

爱因斯坦八岁时，从父亲那里得到一个罗盘，谁也没想到他竟然围绕罗盘一连串提出了二三十个问题。父母不能给他满意的答案，他就找到了一个从事技术工作的叔叔雅格来专门给他讲解。

湖北省武汉市有个超常儿童和爱因斯坦一样，也是带着"为什么"行走。她14岁时被武汉大学破格录取为少年预科班的学员。她能从别人习以为常的现象中找到问题。

例如，她发现月亮有上下弦之别，就问："月亮为何经常变形状？"她见家门、厂门、校门不一样,就问："门为什么有许多样子？"

她乘船时见船是铁制的却可在水中航行，就问："船为什么不沉底？"她见关上电扇后叶片还在转，就问："关了电扇为什么它还转一会儿？"太多太多的"为什么"，就这样将她引领进了思维的王国。

由此可见，养成良好的提问习惯，凡事多问个"Why"（为什么）、"How"（怎么样），即使是一件貌似平常的小事,你也有可能有新的发现！

### 1.敢问会问

在现实的学习生活中，有不少学生明明有问题却不敢问。他们之所以这样是因为怕老师和同学们嘲笑自己。其实，这种担心是没有必要的。经过深思熟虑后，再去拿着问题请教别人，那么所提出的问题就会有一定的深度，别人不但不会看不起你，反而会对你另眼相待。

大胆地向老师、同学、家长请教，向一切在这个问题上比自己强的人请教吧。很多时候，我们都能从他们那里得到看问题的新角度。

另外还要会问。什么叫会问呢？首先，要在独立钻研的基础上发问。敢问不等于依赖。不能一发现问题就去问别人，这是没有意义的。提问时，不要问类似"如何做这道题"这样的问题，如此提问能使你得到习题答案，但对你理解这个问题没有什么帮助。

好的提问应当是"我解这道题的方法对吗？还有没有什么别的方法？"这样提问会使你得到进步，使你能够举一反三。

### 2.学会追问

学问学问，勤学好问，好问别人，更要问自己，要一个问题接着一个问题，一直追问下去。事实上，追问会引导我们一步步地取得进步。

例如，牛顿由砸在头上的一个苹果，发出了一连串的追问：为什么只看见苹果落地，不见地球向苹果飞去呢？可不可以把天上的月亮看作一个很大的苹果呢？在解决了一个个的问题之后，牛顿发现了伟大的万有引力定律这一宇宙间普遍的规律，是不是很神奇？

青少年朋友们，别怕问问题，学问，学问，会问才能学好。勇敢地做个"问题"猎手吧，这会让你变得越来越聪明！

# 保持天性：不要丢掉好奇心

青少年朋友，如果你不希望人生过得太乏味，太无聊，那就在生活中多带些好奇心吧！如果你有了好奇心，便会发现生活中时时处处充满乐趣！

好奇心是一种非智力的因素，但是它却是人们学习与成长的动力之源。英国著名的科学家、思想家培根说过："知识是一种快乐，而好奇则是知识的萌芽。"我们之所以有好奇心，是因为我们有强烈的求知欲。这是我们成长为创造型人才必备的素质之一。

遗憾的是，好奇心随着年龄的增长竟逐渐被我们丢齐了。有这样一个实验：

老师在黑板上画了一个圆圈，问这个圆圈像什么？

"是太阳""是气球""是小猫咪的脑袋""是汽车轮子""是苹果"……幼儿园的孩子们争先恐后、七嘴八舌地回答，一下子讲出了几十种。

在小学课堂上，老师画了同样一个圆圈，一些活泼的小学生讲出了十几种。

中学课堂上，面对这个问题，没有人抢着回答，只有几个学生在老师的点名下站起来说"是数字0""是氧原子"，最后得到的答案有七八种。

在大学课堂上，面对这个问题，下面一片嗡嗡声，却没有人回答。在老师的催促下，有同学站起来谨慎地回答，却只讲出了两三种答案。

而社会上的人们，包括一些职场精英，面对这个问题，却一种也讲不出了，因为他们不敢讲。这些人在社会上摸爬滚打时间长了，就变得胆小谨慎，对很多事情都有所畏惧，让他们来说，自然说不出来是什么东西。

由此可见，如果不能保持好奇心，我们的思维就会变得僵化，人也会变得老气横秋。

纵观全世界，凡是有所成就的人，他们与一般人最大的区别就是能把童年时代的好奇心一直保持下去。更可贵的是随着年龄的增长，这些人的好奇心不仅不会减少，反而增加了许多。

好奇心最明显的表现就是对新事物的注意，以及为弄清这些纷繁复杂的事物的内在联系而不断地提出各种各样的问题。好奇心会促使我们积极主动地学习，让我们孜孜不倦地对自己觉得奇怪的事情进行认真思考。如果没有好奇心，一切都认为理所当然，那就可能在成长的道路上留下许多遗憾。

葛晓峰是我国申请专利较多的个体发明家之一，他发明的载波录音、录像机等多项产品获得了国家专利。他小时候就对许多事物感到好奇：飞机为什么会飞？火车为什么会跑？轮船为什么不沉底？这些在许多人眼里司空见惯的事却常常引起他的思考。

　　有一天，葛晓峰到妈妈所在学校的实验室去玩，看见实验桌上摆着一架分成七八个部件的天文望远镜，这一下子就勾起了他的好奇心。他趁妈妈出去办事的时候，不顾妈妈的禁令，动手把天文望远镜组装起来。

　　四个小时后，当妈妈回来看到那个组装好的天文望远镜，惊呆了。因为这种仪器的拆装就算是高中生都未必能完成呢！就是在这种好奇心的驱使下，葛晓峰完成了多个发明。


　　好奇心加上创造力，人类文明才大步地向前发展。可以说，世界上一切发明创造都源于人的好奇心。天文学家好奇那浩瀚明亮的天空，于是有了望远镜的发明和八大行星的发现；人类因为对太空充满了好奇，才发明了航天飞机，卫星，火箭……

　　有一位企业家曾说过："我们所酷爱的许多产品，都是靠直觉、猜测和幻想做出来的。这是因为要创造全新的东西，的确需要全然不同的眼光。"这里，全然不同的眼光，其实就是好奇心。

　　好奇是人类进步的根源。第一个吃螃蟹的人让我们后世有螃蟹吃。曾经为历史创造新篇章的人，靠的都是对新生事物的好奇心。就像科学家爱因斯坦所说的："我没有特别的天分，只是好奇心十分强烈而已。"

　　好奇心，是一种研究事物根源的兴趣和冲动，也是改革一成不变的生活的新动力，它是人们积极探究某种事物或进行某种活动的倾向。

几乎每一个科学家的人生轨迹都告诉我们，他们的一生是充满了对大自然奥秘好奇的一生，正是这种好奇心引导着他们一步步攀登科学的高峰。

所以，我们青少年必须拥有好奇心，用好奇心去了解这个世界，去感受人类的进步。

但是，青少年朋友，好奇心也不要过于旺盛，还是要有个限度。正如著名作家刘亮程所说的："我对草的根好奇，却永远没有理由和权力拔掉所有的草去探个究竟。"控制好自己的好奇心，才能够利用好奇心。

# 巧妙提问：脑子越用越灵活

一个学习好的学生通常是一个爱提问、会提问的学生。因为学习和思考两者往往是相辅相成的。老师提出问题是为了启发我们去思考，我们提出问题是为了启发自己的思维。

如果你提问的能力越强，思维活动就越活跃、越深刻。勤动脑，大脑就会越发达。我们在不断地提出问题、分析问题和解决问题的过程中，就会培养出创新的精神，无形中就提高了自己思维的活跃度。这样一来，你的学习就进入了一种良性循环，还会担心学习不好吗？

正如爱因斯坦所说："在科学研究中，提出问题要比解决问题难得多，意义也大得多。"因此，培养我们的问题意识是十分重要的，也是非常必要的。带着问题进教室，带着答案出教室，才能达到我们学习的目的。

有时，我们很多人怕被老师和同学们嘲笑而不敢提问。但是更多的情况下是不会提问。不怕有问题，就怕没有发现问题，这才是关键。

那么，我们怎么学会提问呢？这里也是有诀窍的。

提问，光靠有勇气还是不够的，我们还要在不同书本、不同理论之间进行比较，要把过去熟知的知识和新学习的知识进行比较，要从概念上判断和推理。

这就需要我们事先对书本上的知识进行预习。对于不懂的问题做好记录，在上课的时候，带着问题去听课，那么听课的效率也会显著提高。在听课的过程中，我们如发现新的问题，可以及时向老师提问，将其解决。以下是几种提问方式。

## 1. 递进式提问

我们在学习地理知识的时候，通常采用的提问方法是递进式提问。比如，我们知道地球是椭圆形的，那我们就可以进一步问：地球为什么是椭圆的？怎么证明地球是椭圆的？地球是椭圆的会给我们带来怎样的影响？如果地球不是椭圆的，世界会怎么样？月球是不是也是椭圆的？

这样的提问层层深入，会让我们一步步地揭开包括地理在内的众多学科的奥秘，还能从中学到更多的知识呢！

## 2. 比较式提问

比较式提问通常用在一些文科知识的学习过程中，比如区分一些词语的具体用法时就可以采用这种方式。以范仲淹的《岳阳楼记》为例，在这篇文章中，有这样一句话："衔远山，吞长江。"如果我们把这个"衔"字跟"吞"字分别换成"连"和"接"，变成"连远山，接长江"是否可以呢？

如果这样换了，我们就会发现文章的意境差了很多，尽管它们的词义相似，但是"连"和"接"在气势上远不如"衔"和"吞"。通过比较式的提问方式，我们就能深刻体会到类似的词句中的细微差别。

### 3. 矛盾式提问

什么是矛盾式提问呢？就是有意从相反的方面，提出假设，以制造矛盾，激发我们探索问题的兴趣。这种提问方式可以加深我们的思维深度。发现矛盾和化解矛盾是学习中必不可少的环节。

例如在《孔乙己》这篇课文的结尾，有这样一句话："我到现在终于没有见——大约孔乙己的确死了。""大约"和"的确"正好是一对反义词，在一句话里出现，难道不是矛盾的吗？

如果能发现这一点，那你就算得上是一个善于思考的好学生了。其实，这句话中"大约"是因为鲁迅没亲眼看见他已经死去，只是一种猜测。说"的确"的意思是因为孔乙己已经很久没出现了，而且根据传言，推测应该是死了，这是一种肯定。这看似矛盾的词语，实际上却是和谐统一的。

另外，在这个问题上，我们还可以进一步地进行提问，如果我们都推断孔乙己大约是死了，那么，孔乙己大约已经死了的依据是什么呢？如果我们推断孔乙己的确死了，那么，孔乙己的确死了的依据又有哪些呢？这样一来，我们就能更深入地学习这篇文章了。

### 4. 重点式提问

真正会提问的人，一定懂得抓住重点问题进行提问。在学习的过程中，我们会遇到很多问题，如何筛选这些问题，抓住重点问题进行提问，是培养我们学习能力的一个关键。

比如我们在学习物理知识的时候，会发现弹珠在地上会越弹越低，直至落地不动；扔出去的标枪在飞出一段距离后也会落下；皮球在地上滚动一段时间后就会停下来……

这些看似毫无联系的事情其实蕴含着一个核心的问题，那就是：为什么这些东西都会停下来？这个问题就是重点问题，解决了它就等于解决了若干个不同的问题。

随着老师的讲解，我们就会知道物理学的"能量守恒定律"，这是上述所谈到的那个重点问题的答案。我们有了这样的一个答案，就可以举一反三，解决更多的问题了。

总之，随着问题的解决，我们就可以体会到学习的快乐，从而成为会学习、勤提问、善思考、能答疑和善创造的好学生。

# 机不可失：把握提问的时机

提问是一个很好的学习方法，但提问的时机也很重要，因为有的时候，问题就像火花迸发，转瞬即逝。如果不能及时提问，就会影响学习的效果。如何把握提问的时机，以下几点可供参考。

### 1. 在课堂上提问

在课堂上提问是最好的时机，因为这样做可以及时地得到老师的帮助和解答。

此外，你感到困惑的内容通常也是班级其他学生感到困惑的，对于这一点，老师可能要求你们进行讨论，通过讨论来寻求问题的答案，使你得到更快的提高。

如有需要，可以用提问来打断老师的讲课，不要为此而感到害羞。特别是当一些问题模糊难解的时候，使老师放慢讲课速度或者停顿一下对整堂课来说都是有益无害的。但你也不能过多地打断老师的讲课，要确信你的问题对你来说确实重要的时候，才可以这样做，要不然，老师可能会很恼火的。

## 2. 在课间时提问

有一些问题需要我们在课间休息的时候提问。但我们要记住：这些问题一定是在你请求帮助之前必须先独立地思考过的，这些问题经过思考和查找其他书籍都不能得到解决的；或是自己以为找到了答案，但还感到似是而非的；或是知道答案，但对答案不太明白。

老师的解答在学习过程中只起补充作用，而学习的主要过程必须由你自己独立完成。

## 3. 求助于同学

学习中，求助于其他同学对我们有很大的帮助。但在求助之前，应对相关的知识或内容进行预习，从中发现问题。

一般来说，预习时应在难点处求疑、困惑处求疑、关键处求疑、无疑处求疑、易错处求疑。之后，带着这些问题求助于同学，并与同学一起讨论，来发现学习中的更多不解之处，从而相互促进，共同进步。

比如，在课文《二六七号牢房》中有这样两句话："从门到窗子是七步，从窗子到门是七步……这个，我很熟悉。""走过来是七步，走过去是七步，是的，这一切我很熟悉。"从这两句话中，我们很容易就能知道牢房很简陋、很狭窄。这些看似表面重复、平淡无奇的语言，仅仅要表达这个意思吗？不是的，我们不妨试着多问几个"为什么"？例如："这里为什么要写这四个'七步'，两个'熟悉'呢？""为什么要用来回往复的句式呢？""为什么要放在文章开头呢？"

总之，带着问题求助于同学，并与同学一起讨论，可以激发你问问题的兴趣，提高你解决问题的能力，在相互促进中使知识掌握得更牢固、更广泛。

# 胆大心细：用质疑的眼光看世界

俗话说："学贵在疑，小疑则小进，大疑则大进。"这句话给我们学习上的指导意义很大。学习中有质疑的精神，敢对书本上的知识提出质疑，才能有所开拓，有所进步。

"学习"和"质疑"是我们在获取知识的过程中经历的两个阶段，学习的知识越多，我们对知识的质疑就越多。用质疑的眼光看世界可以让我们思考更多的问题，让我们更加用心地钻研问题、解决问题。

在循环往复的质疑和求证之下，我们的认识水平会不断提高，从这个意义上说，"质疑"是"创新"的源泉。

科学离不开质疑，如果创新性是科学进步的"油门"，那么质疑主义就是"刹车"，两者缺一不可。我们应大胆质疑。质疑不仅是源于知识经验冲突的一种反应，更是一种规范，需要"有条理的质疑主义"。

科学需要确切的证据，这不仅意味着我们要排除一切好恶偏向和主观推测，还意味着不能过分依赖原有知识和经验，甚至权威的解释也不是最终的判断标准，在科学问题中，上千人的权威并不一定比单独一个人的谦卑的论据更有价值。

　　比尔·盖茨生性好动，喜欢独立思考，酷爱读书。大量的课外阅读使他的数学和其他自然科学知识远远超过了他的同龄人，以至于在课堂上常常找老师的"麻烦"。如果老师的讲解出现了纰漏，比尔·盖茨会毫不犹豫地指出来，因此老师们讲课时总是小心翼翼的。

　　在十年级的时候，他和物理老师格雷·马蒂诺展开过一场激烈的论战，争论的是关于气体膨胀的问题。物理老师气愤地说："你以为你是谁？"

　　"我？我认为你错了，彻底错了！"比尔·盖茨据理力争，坚持己见，当仁不让。

　　辩论一直持续了一个星期。老师带着盖茨又是查资料，又是做实验，几乎把自己的"家底儿"全抖出来了，才让这个"难缠"的盖茨心悦诚服地点了头。

这就是一种不迷信老师、敢于质疑老师的求学态度，也因为这种敢于质疑的态度，为比尔·盖茨之后的成功打下了很好的基础。如果他不敢质疑老师所讲述的知识，那么，很可能他的一生就会像路边的一粒沙子一样被历史的大海淹没了。

人们常常把知识比作海洋，海洋是无边际的，知识也是无止境的。一个人无论他有多大的学问，总会有无知的地方，而多疑、善疑、质疑、探疑则是获取新知识的途径。

正是基于这一点，法国伟大作家巴尔扎克说过："打开一切科学的钥匙毫无疑义地就是问号，而生活的智慧，大概就在于逢事都问个为什么。"

的确如此，如果生物学家达尔文没有对"特创论"的质疑，就不会有"自然选择学说"的确立；如果天文学家哥白尼没有对"地心说"的质疑，也不会有"日心说"的创立。所以说，只有"疑"才能使得我们的智慧之树开出艳丽的花，结出丰硕的果。

但是，我们必须明白，"疑"是建立在丰富的知识和认真思考的基础之上的，绝不是无端的猜疑或随便的怀疑。

可是我们有许多青年，他们不善于发现。他们相信，凡是书上写的便是正确的，凡是前人说的便是真理。他们迷信书本，崇拜前人，不敢越雷池一步。这样的人，自然不会有什么发现，更不可能有什么创见。

在读书学习中，有的青少年往往还会犯一个低级错误，认为课本是全国统编教材，是经过很多专家审定过的，不可能有错。事实并非如此。有这样一个小故事：

很多专家学者普遍认为蜜蜂是靠翅膀振动发声的，《十万个为什么》也是这样写的，而有个13岁的学生聂利却发现许多时候蜜蜂即使翅膀不动，仍然嗡嗡叫个不停。于是她对教材产生了怀疑，并开始进行实验。

聂利把蜜蜂用胶水粘在木板上，之后又剪去蜜蜂的双翅，仍能听到蜜蜂的叫声。为了找到蜜蜂的发声器官，她用放大镜仔细观察粘在木板上的蜜蜂，终于在双翅根部发现两粒比油菜籽还小的黑点。聂利通过多次实验证明，蜜蜂的发声器官就是这两个神秘的小黑点。

可见，教材上的东西也并不是全对的，所谓的专家观点也是会有错的。所以，我们青少年要勇敢地质疑，要敢于说"不"。

在我们质疑书本上的知识的时候，可能是毫无根据的，也可能是有不太充分的根据的，只要我们敢于大胆假设，那么接下来的任务就是小心求证了。

小心求证，就是要我们在现有知识的基础上，对自己假设的问题一步步地进行证明。如比尔·盖茨质疑物理老师，最后他们一起查资料，做实验解决了问题。聂利认为蜜蜂也有发声器官，并经过多次实验证明了自己的观点。这就是求证的过程。但是，如果没有"小心求证"这一步，那么我们的假设恐怕都是"空想"。

或许我们的假设有时是错误的，没有关系，我们还是可以从错误中增长知识。或许我们也能像哥白尼发表"日心说"一样，成为一颗开创新学术观点的璀璨明星呢！

# 善于观察：借我一双慧眼吧

爱因斯坦说："观察和理解的乐趣是自然界赐予的最美好的礼物。"拥有一双善于观察和发现的眼睛，对于我们提出问题来说是至关重要的。

那么什么才是观察呢？我们每天看到太阳东升西落算观察吗？看见刮风下雨、打雷闪电算观察吗？

不算，因为我们没有真正用心留意它们，没有有意识地去寻找自己需要的信息。一个善于观察的人可以提出很多问题，即使在很寻常的事物中都能发现很多别人看到却没注意到的东西。

一个阿拉伯人在路上与牵着骆驼的同伴失散了，他找了整整一天也没有找到。傍晚，他遇到了一个贝都因人。阿拉伯人询问贝都因人是否见到失踪的同伴和他的骆驼。

"你的同伴不仅是胖子，而且是跛子，对吗？"贝都因人问，"他手里是不是拿着一根棍子？他的骆驼只有一只眼，驮着枣子，是吗？"

阿拉伯人高兴地回答说："对！对！这就是我的同伴和他的骆驼。你是什么时候看见的？他往哪个方向走？"

贝都因人回答说："我没有看见他。"

阿拉伯人生气地说："你刚才详细地说出我的同伴和骆驼的样子，现在怎么又说没有见到过呢？"

"我没有骗你，我确实没有看见过他。"贝都印人平静地说，"不过，我还知道，他在这棵棕榈树下休息了一段时间，然后向叙利亚方向走去了。这一切发生在三个小时前。"

"你既然没有看见过他，那这一切你又是怎么知道的呢？"

"我确实没有看见过他。我是从他的脚印里看出来的。你看这个人的脚印：左脚印要比右脚印大且深，这不就说明，走过这里的人是个跛子吗？现在再比一比他和我的脚印，你看，他的脚印比我的深，这不是表明他比我胖吗？你看旁边，骆驼只吃它身体右边的草，这就说明，骆驼只有一只眼，它只看到路的一边。还有那些聚在一起的蚂蚁，难道你没有看清它们是在吸吮枣汁吗？”

"你怎么确定他在三个小时前离开这里？"

贝都印人解释说："你看棕榈树的影子。在这样的大热天，谁都想坐在树荫下凉快一下的。所以，可以肯定你的同伴曾经是在这休息过。阴影从他躺下的地方移到现在我们站的地方，需要三个小时左右。"

阿拉伯人虽然半信半疑，但还是急忙朝叙利亚方向找去了，果然找到了他的同伴。

事实证明，贝都印人说的一切都是正确的。读完这则故事，想必你也会钦佩这位贝都印人敏锐的观察力。

注重观察细微之处并发现其内在价值，这是许多大企业家、艺术家、科学家以及其他伟大人物的成功之道。观察不仅能发现问题，有许多问题也是通过观察才能找到解决的途径。

我国某省出产的香榧子是很有名的。可是，有些香榧树却出现几年不结果的现象。浙江会稽山区果农蔡志静和青年教师汤仲埙，长年对香榧树进行了细致的观察，终于发现问题是出在授粉上。后来采用了人工授粉，香榧子的产量一下子提高了。

可见，观察是使自己拥有一双慧眼的重要途径。养成善于观察的好习惯，能促进我们创新能力的发展，将会对我们的人生产生重要的影响。

# 火眼金睛：跟柯南学习观察法

动漫《名侦探柯南》的主人公柯南是个神探，没有他破不了的案子，就算再狡猾的凶手也逃不过他敏锐的眼睛，真是让人敬佩啊！

我们青少年也应该像柯南一样，不仅要学会观察，也要善于用各种不同的方法来进行观察，只有掌握了恰当合适的观察方法，我们才能从观察中发现问题，才能从解决问题中获得收获。

那么，观察的方法究竟有哪些呢？我们不妨先了解一下。

## 1. 培养观察的兴趣

我们青少年要热爱生活，热爱大自然。一花一世界，一叶一乾坤，只有用充满爱的眼光去观察，才会观而有所得，正如日本松下幸之助所说的那样："我们如果能虚心地接受并观察呈现在眼前的所有事物，必定可以掌握时机，获得灵感。"我们在生活中要做一个有心人，这样才不至于错失某些精彩画面，影响观察的效率。

## 2. 抓住事物的特点

每个事物都有自己的独特之处和个性所在。只有抓住事物的特点，才能对它有一个深刻而全面的认识。也只有这样，才能客观地把事物的特性真正地表达出来。

观察事物既要了解此物与他物的共同之处和联系性，也要清楚此物与他物有所区别的特性。比较多个事物的共性和个性的差异，能够更准确和全面地了解事物。

### 3. 端正观察的态度

我们青少年要用认真的态度去观察。只有在观察事物时态度专注，才能在观察中发现问题。为了保证观察结果的可靠性，观察的次数要多，否则就难以辨认偶然发生和一贯现象的区别，正如生理学家巴甫洛夫所说的"观察、观察、再观察"，他深刻地揭示了观察的严肃性和科学性。

有时仅靠一次的观察结果，即使非常认真和细心，也未必能够达到对事物本质特征的全面认识和了解。因为有些事物的发展过程是漫长而复杂的，必须经过多次观察才能了解。只有通过反复的操练，才能提高观察能力。

有位名人曾说过："观察的第一个要素，就是要有一双好眼睛。"究竟怎样的眼睛才称得上是好眼睛呢？事实上这里的好眼睛并非单纯的是指人的视力，而是指对事物的观察要有一种辩证的眼光。只有辩证的眼光，才能对事物有一个全面的认识。

### 4. 由外到里的观察

在观察时，许多青少年朋友都只停留在表面，这是不正确的。观察是一种现象，应考虑得深入一些，要学会透过事物的表象而看到事物的本质。

### 5. 全面观察不可少

我们看问题还要全面一些，不要局限在某个问题的某一个方面，而应全面地进行思考。

有时候，某些事情的进展在刚开始时或许并不理想，青少年应放眼未来，用发展的眼光去看待，把目光放长远才不至于半途而废。

# 兵法练习：检验你的观察力

青少年朋友，一叶落而知秋，一叶生而知春；细节关系成败，举止察知命运。一个人在日常生活中的表现，恰恰能折射出他的某些潜意识特征，进而反映出他的行为方式、生活习惯和性格特征。

我们的观察能力也能从我们日常行为中表现出来的。下面的测试就是通过一些小事，看看你的观察能力怎么样？

1.  在进入某个陌生房间的时候，你会：
    A.  注意桌椅的摆放
    B.  注意用具的准确位置
    C.  观察墙壁上挂着什么

2.  与人相遇的时候，你会：
    A.  只看他的脸
    B.  悄悄从头到脚打量一番
    C.  只注意他脸上的个别部位

3.  你从看过的风景中记住了：
    A.  色调
    B.  天空
    C.  当时在心里的感受

4.  你早晨起床后，会：
    A.  马上就想应该做什么

B. 想起梦见了什么

C. 思考昨天都发生了什么事情

5. 当你坐上公共汽车，你会：

A. 谁也不看

B. 看看谁站在旁边

C. 与距离你最近的人搭话

6. 在大街上，你会：

A. 观察来往的车辆

B. 观察房子的正面

C. 观察行人

7. 当你看橱窗的时候，你会：

A. 只关心可能对自己有用的东西

B. 也看看此时不需要的东西

C. 注意观察每样东西

8. 如果在家需要找什么东西，你会：

A. 把注意力集中在这些东西可能放的地方

B. 到处寻找

C. 请别人帮忙找

9. 看亲戚和朋友过去的照片，你会：

A. 激动

B. 觉得可爱

C. 尽量了解照片上都是谁

10. 假如有人建议你去参加你不会的游戏，你会：

A. 试图学会玩

B. 借口先学一段时间之后再玩而给予拒绝

C. 直言说不会玩

11. 在公园里面等人，你会：

　　A. 仔细观察旁边的人

　　B. 看报纸

　　C. 想某件事情

12. 在满天繁星的夜晚，你会：

　　A. 努力观察星座

　　B. 只是一味地看天空

　　C. 什么也不看

13. 你放下正在读的书，总是：

　　A. 用铅笔标记读到什么地方

　　B. 放个书签

　　C. 相信自己的注意力

14. 你记住你邻居的：

　　A. 姓名

　　B. 外貌

　　C. 什么也没有记住

15. 在摆好的餐桌前，你会：

　　A. 赞扬饭菜的精美之处

　　B. 看看人是否都到齐了

　　C. 看看所有的椅子是否放在合适的位置上

**评分标准：**

| 选项 序号 | A | B | C | 选项 序号 | A | B | C |
|---|---|---|---|---|---|---|---|
| 1 | 3 | 10 | 5 | 9 | 5 | 3 | 10 |
| 2 | 5 | 10 | 3 | 10 | 10 | 5 | 3 |
| 3 | 10 | 5 | 3 | 11 | 10 | 5 | 3 |
| 4 | 10 | 3 | 5 | 12 | 10 | 5 | 3 |
| 5 | 3 | 5 | 10 | 13 | 10 | 5 | 3 |
| 6 | 5 | 3 | 10 | 14 | 10 | 3 | 5 |
| 7 | 3 | 5 | 10 | 15 | 3 | 10 | 5 |
| 8 | 10 | 5 | 3 | | | | |
| 总　分 | | | | | | | |

110分～150分——观察力非常强

你具有很好的观察习惯，而且反应敏锐、思维活跃，是一个具有很强观察能力的人。你不但能正确分析自己的行为，也能够极其准确地评价别人。如果你懂得将思考力、行动力、意志力灵活地运用在一起，你的前途将不可限量！

75分～110分——观察力很强

你有相当敏锐的观察能力，思想深刻而且犀利，做事目的性比较强。但是对别人的评价有时候带有偏见，特别在处理人际关系的方式和方法上有待改善。

**45分~75分——观察力一般**

你对别人隐藏在外貌、行为背后的思想和企图漠不关心，对生活中的变化置若罔闻，尽管你在人际交往中不会产生严重的心理障碍，但是在机遇和变故面前常常麻木不仁，得过且过。这样的生活看起来好像是与世无争，除非你一辈子生活在亲属的保护中，否则，你就会沦落为竞争社会的淘汰品，总有一天，你会因为虚度光阴而后悔。建议你立即改变这种漠不关心的生活态度，养成勤于观察、善于思考的良好习惯。

# 第二章

# 尖子生方略

我们每一个人都希望自己成为尖子生。但要做尖子生，必须通过自己后天的勤奋，在日常的学习中集中注意力，把课本上的知识熟记于心，并善于摸索方法，巧妙地学习，朝着自己的目标努力。

# 专心致志：让我们注意力聚焦

青少年朋友，"注意"是一个古老而又永恒的话题。俄罗斯教育家乌申斯基曾精辟地指出："'注意'是心灵的窗户。"法国生物学家乔治·居维叶也说过："天才，首先是注意力。"所以，我们在学习的时候，时刻不能忘记要做一个专注的人。

一个人只要学会了专注，就可以一心一意去学习了。专注加上努力，成功也就是水到渠成的事情。而一个注意力不集中的人是不会取得好成绩的，很多事情他都不会做得很完美。

你有没有发现，我们身边学习好的尖子生平时都是精神很集中的人。很多高考状元的学习秘诀其实就是这两个字："专注"。

其实，我们的精力就像电灯光源，光源照得范围太广，光线就散乱，亮度暗淡。唯有把光线聚焦成光束，才能提高亮度，穿透黑暗。所以，我们要把自己全部的精力像激光一样聚焦，然后投注于学习中去，才可以突破各科学习中阻碍成绩提高的任何"瓶颈"，获得一个好成绩。

德国伟大的科学家康德就是这样一个专注的人，他在思考问题的时候会将精力集中到一个点上，这样他就不容易分心。这个道理其实很容易理解，当人集中精神注视某一点时，视野就变得小了，视野外可以分散精神的东西也便没有了，人的意识范围也变得狭窄，人的心境也会宁静而踏实，精神就会集中。这样的方法，我们也不妨一试。

## 1. 专注地听课

专注地听课，是一个"尖子生"必须要做的事情。所谓"专注地听课"就是专心致志、集中精力地听课，这是听好课的前提。

有两个学生同时在一个象棋大师那里学习棋艺。每当老师在讲授棋艺时，其中一个学生总是聚精会神、专心致志地听，跟着老师学。另一个学生虽然也同样坐在那里听讲，可他的心里老是想着其他事：晚上回家就能玩游戏了、妈妈说要给我做红烧肉等。

人在心不在，结果，专心听讲的那个学生学得很好，在多次比赛中都获了奖。而不专心听讲的那个学生一事无成，难道是他的智力差吗？不是的，是他不专心的缘故。

## 2. 培养注意力

注意力是影响学习效率的重要因素之一。它是一种非智力因素，在学习过程中起着重要的作用。一般来说，注意分三类：有意注意、无意注意和习惯注意。

有意注意，又称随意注意。是指有预定的目的，需要做一定努力的注意。这种注意不仅指向人乐意做的事情，而且指向他应当做的事情。例如，我们在学习和工作中，即使遇上困难或不感兴趣的东西，也都要坚持聚精会神地学习和工作，这就是有意注意。显然，有意注意是受意识的调节和支配的，是人类特有的注意形式。

无意注意。是指事先没有预定的目的，也不需要作意志努力的注意。无意注意往往是在周围环境发生变化时产生的，它表现为在某些刺激物的直接影响下，人就不由自主地立刻把感觉器官朝向这些刺激物并试图认识它。

习惯注意。是指有意注意发展到极致时，不需要意志努力的注意。例如，对于一项新技术我们往往需要作一定的意志努力才能把自己的注意保持在这项技术上，但经过一段时间之后，对这种技术熟悉并产生了兴趣，于是就可以不需要意志努力而继续保持注意。这种注意仍然是自觉的、有目的的，只不过不需要意志努力罢了。

注意是对刺激作预期的选择，使重要的刺激通过感官输入，并加以感觉，同时将无关的刺激加以抑制的过程。刺激基于当事者的兴趣、需要或动机，兴趣越浓，动机越强，由刺激所形成的注意力也就越强，印象也就越深，再生记忆的可能性也就越大。

信息经由感觉器官的接收进入短期记忆，再经复习缓冲才能进入长期记忆。注意是记忆历程的第一道关口。

人在注意某一事物时，大脑皮层就会在相应部位上产生一个优势兴奋中心，所有的神经细胞都要为它服务。相反，如果大脑皮层同时有两个以上的兴奋中心，就必然出现注意力分散的现象，这时对事物的记忆就会受到干扰，破坏大脑的记忆规律，记忆效果就会受到影响。因此注意力跟人的学习效率和工作效率都有着非常密切的关系。

如果你还不是一个注意力集中的孩子，那么你就需要一些培养注意力的方法。不要以为只是把精力高度集中在一点就可以培养注意力。实际上注意力集中之前，需要自己有比较广阔的注意范围，有很开阔的视野才能达到这个目标。

在训练的时候，我们要有意识地注意一些东西、景色、物品，或者是事件。我们要尽可能地详细描述它，你会发现你的注意力可以在混乱的环境下也能变得集中起来。比如在闹市中读书，就可以有效地训练自己集中注意力。

　　专注投入地学习，集中精神，否则你什么也干不成。培养专注的习惯，你将会一步步进入"尖子生"的行列。青少年朋友，从现在开始，做一个专注的人吧！

## 深度测试：你的注意力怎么样

　　下面的100个数字是打乱顺序后排列的，请你按照顺序在里面找出15个数字来，例如从1到15或从2到16或30到44等，记录下你找到这15个连续数字所花的时间。

　　测试题：

| 12 | 33 | 40 | 97 | 94 | 57 | 22 | 19 | 49 | 60 |
|----|----|----|----|----|----|----|----|----|----|
| 27 | 98 | 79 | 8  | 70 | 13 | 61 | 6  | 80 | 99 |
| 5  | 41 | 95 | 14 | 76 | 81 | 59 | 48 | 93 | 28 |
| 20 | 96 | 34 | 62 | 50 | 3  | 68 | 16 | 78 | 39 |
| 86 | 7  | 42 | 11 | 82 | 85 | 38 | 87 | 24 | 47 |
| 63 | 32 | 77 | 51 | 71 | 21 | 52 | 4  | 9  | 69 |
| 35 | 58 | 18 | 43 | 26 | 75 | 30 | 67 | 46 | 88 |
| 17 | 46 | 53 | 1  | 72 | 15 | 54 | 10 | 37 | 23 |
| 83 | 73 | 84 | 90 | 44 | 89 | 66 | 91 | 74 | 92 |
| 25 | 36 | 55 | 65 | 31 | 0  | 45 | 29 | 56 | 2  |

这个小测验是测试你在集中注意力时的记忆程度。所用时间越短，说明你的注意力越强。

30秒～40秒——优等

如果你在30秒至40秒内就找到了15个顺序数字，那你在集中注意力时的记忆程度就属于优等了，大约只有5%的人有这样的能力。

40秒～90秒——一般

如果你用了40秒至90秒，那只能算是一般，需要继续努力，培养自己的注意力。

2分钟～3分钟——很差

如果你在2分钟至3分钟内才找到，那你就是个注意力不集中的人，要赶快培养自己的注意力了，否则，你将很难取得一个理想的成绩。

# 勤于思考：大脑需要动力

一个只会"死读书"的孩子永远都是在"读死书"。尖子生不仅要会读书，还要会思考。学习和思考是相辅相成的，如果只听老师讲解而不自己思考，那么这样的知识是不属于自己的，时间长了，知识就会全盘还给老师。

这就像我们在橱窗里看到的漂亮衣服一样，尽管可以试穿，但是如果不埋单的话，衣服始终是商店的而不是自己的。"埋单"的过程，也就像是我们在学习中"思考"的过程。

如果说，我们的大脑是一台高精密的处理器的话，那么思考就相当于这台处理器的"动力"。我们要学会思考、勤于思考，才能成为一个见解独到的人。那么我们应该怎么给大脑加上动力呢？

## 1. 独立思考

独立思考的良好习惯，是人们发现新的知识、通向成功之路不可缺少的桥梁。独立思考的人，不教条、不迷信老师、非常自信。

一个常怀疑自己的人，常常将书本的内容奉为"金科玉律"，这样的人，是不可能作出什么惊天动地的大事业的。

哲学家赫拉克利特说过："博学并不能使人智慧。"只有在学习和生活中善于独立思考，才能开出智慧的奇葩。在学习上独立思考，其实质就是在学习的过程中通过自己的头脑消化知识。

著名科学家卢瑟福有一次问他的一个学生："你今天上午准备做什么？"

学生答道："做实验。"

卢瑟福又问："下午呢？"

学生答道："做实验。"

卢瑟福再问："晚上做什么？"

学生仍答道："做实验。"

卢瑟福便不满地问道："你整天都做实验，那你用什么时间来思考呢？"

这个小故事就告诉我们，要很好地进行创造，就必须有专门的时间去思考。不善于思考就不可能消化知识，就不可能发现问题，也就谈不上会有更多的想象与创造。

当然，在学习的过程中，有些机械的记忆和模仿是必要的，但最终要将之变成自己的东西，还是要经过自己的一番思考。如果不能独立思考，在学海中随波荡舟，人云亦云，那就不知会飘向何方。

百度CEO李彦宏说过："无论做什么事情，我都要有自己的理由，要相信自己的判断。"无独有偶，新东方学校创始人俞敏洪也指出："不断地阅读和独立思考是成长的加速器。"他们的成功其实就是独立思考的结果。

仔细观察，那些尖子生大多有着独立思考的良好习惯，他们具有独立思考的能力，才能将所学知识融会贯通，并提出了很多新的学习方法。所以，我们青少年一定要在学习的过程中，敢于独立思考，提出独创性见解。

但是，独立思考并不是胡思乱想，它需要一定的知识储备作为基础。假如脑袋里空空如也、一无所有，那么任凭你如何独立思考，也是不会思考出什么"出类拔萃"的东西来的。完全独立的"独立思考"是没有的，人们总是在吸取前人有益经验的基础上进行独立思考，进而得出与前人有所不同的东西来。

因此，对于我们学生来说，最重要的就是学习一切有用的知识，在此基础上培养自己独立思考的良好习惯。

### 2. 学会思考

你是一个会思考的孩子吗？如果你还没有掌握思考的窍门，下面向你介绍关于思考的几种方法。

第一，要注重理解。学习如果不求理解，思考就成了空话。所谓理解，主要是弄清楚"是什么""为什么""怎么样"这三个问题。死记硬背是解决不了问题的。学习重在消化、吸收。

有这样一个学生，他很讨厌学习英语，他说："我不想背英语单词或课文，因为每次背完我就特别困惑，脑子比没背之前更乱了。本来很明确地知道hopeful是'有希望的'，hopeless是'没希望的'。-ful表示'有'而-less表示'无'，可是shame是'羞耻'和'惭愧'的意思，shameless为什么不是'毫不羞愧、理直气壮'的意思呢？"

令这个学生困惑的原因其实不是他"多背"了这个词，而是没能理解这里的"毫无羞愧"也就是"不知羞耻、恬不知耻"的意思，感情色彩是贬义的。

可见，"背"也是有条件的，必须在透彻理解的基础上背，在品味鉴别中背，这样背才抓住了学习的灵魂，才能有助于举一反三。

第二，深入思考。思考要有深度，蜻蜓点水般地学习是掌握不了知识的，这就需要我们认真思考。认真思考过后得出的结论才能令人印象深刻，知识也只有在经过深入细致的思考后，才能真正被理解掌握。

第三，广泛思考。遇到事情时，先好好考虑一番再作决定，考虑问题时，思路要开阔，要从不同角度去研究，寻找最佳答案。就像做一道应用题，应该想方设法找到多种解题方法，然后加以比较，找出其中最简单的一种。

在思考时，切忌钻牛角尖，在死胡同里出不来。聪明的人遇到此路不通的时候，并不惊慌失措，而是灵活应变，寻找另外的出路。"条条道路通罗马"，能选出最佳路线的，属于能广泛思考的人。

第四，让左右脑全速前进。科学家有个有趣的发现：人的左脑主管语言、逻辑、分析、书写等智力活动，而右脑主管想象、色觉、音乐、韵律、幻想等智力活动。当大脑的左右两半球配合起来时，整个大脑的思维成效是惊人的。

所以，懂得思考的人，往往是一个知识面广、全面发展的人，每天不同类型的活动促使两个脑半球互相配合有效运转，这些人的思考能力往往是特别强的。

聪明的学生会在思考某一问题而久不见效时，放下问题，去听听音乐，或者散散步，这是为了使右脑动起来，使左脑得到休息。这时，大脑里往往会突然产生一些崭新的解决方法。

　　美国有一位铸造专家，在试验熔炼一根钢条和一根铁条时，他发现在铁店里的煤炭炉上，钢条先熔。然而在实验室里的泥杯中煅烧时，却是铁条先熔。为什么会有这种不同的现象呢？一连好多天，这件事一直使他困惑，想不出个所以然来。

　　有一天晚上，他决定先休息一下，不再想这个问题了，当躺在床上时忽然悟出一个道理，因为钢条在实验室的泥杯中没有和煤炭接触，在铁店里是接触的，而煤炭中含碳的成分很高。很可能是钢条在铁炉中吸收了一些炭，从而降低了它的熔度。而接下来的实验也证明了这种推测的正确性。

其实，有效的思考方法是很多的，只要你积极开动脑筋，认真体验、总结，你一定能掌握思考方法，成为一个会思考的主动学习者。

# 一站到底：要持之以恒地学习

学习的过程就像烧开水，要一把火烧好，不能松懈。这是尖子生必备的品质。人类对于自然、社会和人生的认识只能是一步步走近真理，却不可能完全抵达真理。这就决定了我们学习要有持续性。

要设定一个目标，是人人都会的事，但要达到艰巨的目标，就不是人人都能坚持住的。

持之以恒地学习，可以让资质平庸的人取得很大的成就。相反，要是凭借自己一时的聪明，不能够安下心来坚持学习，很快也就会被人超越，变成碌碌无为的人。

"跳水女皇"郭晶晶，她的辉煌成就就是靠持之以恒的练习换来的。

郭晶晶从5岁开始练习跳水，起初，教练说她的膝盖骨有些外突，这样会影响空中造型的美感，问题如果不解决，她的跳水生涯将就此结束。

为了矫正这一缺陷，郭晶晶只有采用强行压腿的方法。所谓强行压腿，就是每天晚上让爸爸坐在她的膝盖上压着。每天爸爸下了班，郭晶晶就坐在床上，把脚架在椅子上，让体重140斤的爸爸坐在她悬着的膝盖上压腿，她每次都疼得浑身打战，汗流满面，而爸爸妈妈也心疼得把脸扭到一边不敢看她。妈妈几次劝她放弃，但郭晶晶宁可自己受苦也要坚持下去。

就这样坚持了两年多，在全家人的努力下，郭晶晶膝盖的突起硬是给压平了，她的双腿日益秀美挺拔。

两年多的训练后，许多孩子退出训练，最后只剩下郭晶晶一个。能够留下的原因只有一条，就是能吃苦。持之以恒，这是许多人对郭晶晶的评价。

5岁开始练跳水，11岁入选国家队，15岁首次参加奥运会，连续经历了两届奥运会的失败，骨折、改变技术、视网膜脱落……在苦苦坚持了11年之后，直到2004年雅典奥运会，郭晶晶终于修成正果，夺取冠军奖牌，并在2008年北京奥运会时蝉联冠军，这些成绩成就了郭晶晶完美的跳水人生。

可见，任何成功都没有捷径，贵在坚持。其实，世间最容易的事是坚持，最难的事也是坚持。说它容易，是因为只要愿意，人人都能做到；说它难，是因为能真正坚持下来的，却只是少数人。所以那些坚持下来的人，才是成功的人。

学习也一样，尖子生天生就学习好吗？不是，他们也是从一点一滴开始的，只不过他们多了一份坚持。就像一位尖子生所说："在学习上，我认为最重要的是一种持之以恒的态度，要有遇上困难敢于攻克的精神，同时，有规划、有目标地进行学习，可以是长如一两年，也可以短如一堂课。有了目标，便有了促使自己前进的动力。"

青少年朋友们，无论我们的才华、天资如何，都应该努力学习；无论遇到什么事都应该持之以恒，这样才能成功呀！就如艾薇儿唱的那样："Just Keep Holding On。"加油！

# 为梦而战：学习就像鹰抓兔子

学习究竟是为了什么？难道你真的为了考试取得好成绩而读书吗？比尔·盖茨学生时代的理想就是"让每个人桌面上都有一台电脑"，在微软成立14年后，他终于实现了这个目标。如果你也有这样长远的目标，学习就成了你自己的一项伟大的事业，因此也会格外用心。

我们要成为一名尖子生，就必须要有学习的目标。我们学习的目的不只是为了考试，因为考试只是检验我们对知识掌握程度的一种方法。

那么，怎么才能确立一个合适的学习目标呢？怎么才能实现目标呢？确立合适的学习目标，就是要有一个前瞻性的思维，要把实现人生的某一理想和信念作为固定的目标。

目标定好了，并不等于万事大吉。因为，制定的目标并不是我们"瞄准"后，一下子就可以"击中"的。在前进的道路上各种各样的干扰都有可能使得我们的前进方向发生偏离，我们必须不断地检查自己现在的"位置"，看看与目标的差距，然后采取措施减小目标差。所以说，我们达到目标的过程，实际上就是一个不断减小目标差的过程。

优秀学生常用的方法是建立一个问题本，除了及时地对问题进行校正外，还要经常地"回头看看"，这个多次的重做错题和多次对错误的认识是重新思考的过程也是一个减小目标差的行为。

通过这样的方法，他们将很多类似的模糊的认识和错误的解决问题的思路进行了纠正，并从反面加深了对所学知识的正确认识，对利用所有知识解决实际问题的思路更加清晰，方法更加灵活。

在自然界中，我们发现，老鹰总是能够捕捉到奔跑中的兔子。下边让我们分析一下其中的原因，从中找出学习中达到目标的办法。

鹰击长空，不但能准确地扑向固定目标，而且那些飞速逃窜的兔子、老鼠也不能逃脱。显然，鹰没有也不可能事先计算自己和目标的运动方程式。鹰不是按照事先算好的路线飞行的。这和我们的学习过程类似，我们谁也没有办法事先计算好学习过程。现在，我们假定老鹰的猎取目标是兔子，那么老鹰如何才能成功地获取这只兔子呢？

如果老鹰一开始就瞄准兔子，然后不顾一切地俯冲下去，这能不能抓住兔子呢？回答自然是否定的。因为兔子并不会心甘情愿地遭受灭顶之灾，它为了逃避老鹰的捕捉，总是要逃命的。

实际上，鹰发现兔子后，会马上用眼睛估计一下它和兔子的大致距离和相对位置，然后选择一个大致的方向朝兔子飞去。在这个过程中它的眼睛一直盯着兔子，不断地向大脑报告自己的位置跟兔子之间的差距。

不管兔子怎么跑，鹰的大脑作出的决定都是缩小自己跟兔子位置的差距。这种决定通过翅膀来执行，随时改变着鹰的飞行方向和速度，调整鹰的位置，使得差距越来越小，直到这个差距为零时，鹰的爪子就能够顺利地够着兔子了。

作为学生，我们一定要坚持"日思日涨，每天进步一点点"，就是说，每天都要反思，出现偏差，立即纠正，我们才能天天进步，使得我们的每一个小的目标即时实现，从而慢慢地实现我们的阶段目标，逐渐地接近我们的总体目标，最后实现我们的战略目标。

# 迷上学习：想说爱你很容易

对于我们青少年来说，读书学习是我们最重要的任务。然而，学习中总有一些问题困惑着我们，使我们感觉进入了学习"高原"。其实，要爱上学习很容易，那就是培养对学习的兴趣。

如果你对一件事情有兴趣，你就能把自己潜能的80%以上都发挥出来;如果你对这件事情不感兴趣，那么你最多也只能发挥30%左右的潜能。

那么，什么才是兴趣呢？兴趣指兴致，是对事物喜好或关切的情绪。它表现为人们对某件事物、某项活动的选择性态度和积极的情绪反应。兴趣在人的实践活动中具有重要的意义，它可以使人集中注意力，进入愉快紧张的心理状态。兴趣就像一个魔咒，它能让你对某些事物着迷。

我国著名的女文学家冰心，四五岁的时候，母亲教会了她识字，她便对读书产生了浓厚的兴趣，爱读书到了入迷的程度。

　　有一次，冰心在洗澡的时候看书，时间太久，洗澡水都凉透了，气她母亲把书抢过去，撕破了，扔在地上。小冰心竟趋趋地走过去，拾起被撕残的书又看起来，生气的母亲只好笑了。

　　小冰心看书成癖，哪怕是一张纸，只要上面有字，也要看看。这就是兴趣带来的强大魔力。

兴趣不是与生俱来的，兴趣是学习的结果，是需要我们不断进行培养的。作为青少年，我们应该怎么培养自己学习的兴趣呢？

### 1. 抓住问题，产生兴趣

　　问题，是兴趣的向导，它会令你惊奇、令你向往、引你探索、从而使你逐渐沉迷上知识。

　　为什么指南针永远指着南北极？这个现象使童年的爱因斯坦大惑不解，也使他兴趣盎然，从此对科学着迷。

　　走路本是平常事，一位同学却从中捕捉到一个问题：为什么人向前走时，腿要向后蹬呢？他一直没有忘记这个问题，终于在阅读有关自然科学的课外读物时找到了答案，从此他对自然课和物理课产生了浓厚的兴趣。久而久之，他满脑子都是科学知识，经常向同学们解释奇特的科学现象，同学称他为"科学博士"。

　　学习中，如果你能抓住问题，使自己置身一个个问题之中，那么，你就会被这些问题不断地鼓动、吸引，去寻找答案。于是，你对学习的兴趣也就越来越浓了。

### 2. 学得越深，兴趣越浓

　　一位作家说过："思索吧，思索能引人入胜。"这是千真万确的真理。有一个学生从一篇文章中得知太阳表面的温度"比沸水高60倍"，他想，沸水的温度是100摄氏度，已经会烫伤手指。比沸水高60倍，就是6000摄氏度，该多热啊！就是钢铁碰到它，也会马上变成气。好家伙，炼钢时的"钢水"，温度已够高的了，而使钢铁直接化为"汽态"，那也太厉害了。幸亏地球离太阳有1.5亿千米，不然早就被太阳熔化了。他想得越多，联想越广阔，就越感到形象、有趣，对课程的理解也就更加深刻了。这正是多思考的结果。

经常思考，并且做到思路广阔，你就可以顺着问题步步深入，也可以把问题倒过来想；你可以从这个角度去想，也可以从另一角度去想；你可以通过比较去想，也可以来个大胆预测地想。这样，你学习起来一定会兴趣倍增。

### 3. 以趣导趣，乾坤挪移

以趣导趣是指把原有的其他兴趣转移到学习上来，以培养学习兴趣。每个人在少年儿童时期都有自己特别感兴趣的东西，爱玩汽车、爱搭积木等。长大之后，就应当去发现和了解有关的知识，如：怎样当个好驾驶员？汽车是如何发动的？汽车的构造原理是什么？

这其实就是把对学习的兴趣在原有的基础上进行拓展。比如你对语文基础知识的学习不感兴趣，而对写作非常感兴趣。这样你可通过写作练习，体会出语文基础知识对写作的重要性，从而对语文基础知识产生学习的积极性。

### 4. 自我鼓励，培养兴趣

自我培养成就感，可以直接激发学习兴趣。在学习的过程中取得什么成就，达到什么目标，就会给予自己什么样的奖励。比如，有小进步，实现小目标则有小奖赏；有大进步，实现大目标则有大奖励，如周末旅游等。这样通过渐次的奖励来提高自己能力，有助于产生自我成就感，不知不觉地就会建立起更广泛的兴趣。

### 5. 心理暗示，调节情绪

心理暗示就是从改善学习者自身的心理状态入手，对自己喜欢的学科充满信心，相信该学科是非常有趣的，自己一定会对这门学科产生信心。心里暗示会推动我们认真学习，从而使自己对学习真正产生兴趣。如培养自己对地理的兴趣，你可以对着地理课本说："我喜欢学地理！"重复几遍后，你一定会觉得地理不像从前那样让你讨厌了。

为了强化这种心理暗示，第二天你再去图书馆借一本有关地理的书，回家后，收拾一下房间，高高兴兴地去读它。经过这样积极的心理暗示和培养，就会对其逐渐产生兴趣。

总之，兴趣不仅可以改善学习的过程，也可以改善学习的结果。培养兴趣最终是要我们更好地进行学习。正如日本教育家木村久一所说："天才，就是强烈的兴趣和顽强的入迷。"只要你迷上了学习，那么你也能成为天才少年。

# CTRL+C: 运用熟能生出巧来

玩过呼啦圈的朋友肯定知道，练习呼啦圈有一个秘诀，那就是一直转一直转，熟能生巧。有一本书的名字是《成功在于不断复制"简单的正确"》，其中还强调了熟能生巧的意义。但这里的复制不是简单的复制，而是要从复制中找出自己学习的窍门。

　　凡是有所成就的人其实都是很努力的人。李嘉诚说过："成功虽然有运气在其中，但主要还是靠勤劳；勤劳苦干，就有很多机会。"

　　你知道林书豪吗？一个黄皮肤、黑头发，身高1.91米，体重90千克，不高不矮，不胖不瘦的大男孩。然而就是这样一个身体条件并不十分出众的球员，却带领纽约尼克斯队取得五连胜，从板凳球员一跃成为全球耀眼的明星。甚至得到了美国总统的赞扬。

　　其实，林书豪的成功就源于他多年练习的沉淀。曾有人问他，成功的秘诀是什么？他是这样回答的："在篮球比赛中，我在很多方面都没有啥天赋。我经常练习半场一对一的对抗，底线的移动，要不然就去扣个篮玩玩。我会用不同的步伐进行以上的训练，持续一个半小时左右，到那个时候我一般已经累个半死了。不过这是我的一种训练哲学，如果我要让自己累趴下，我就得保证这种训练，这对我篮球技术的提高是有帮助的。"

　　实际上，林书豪从5岁开始接触篮球，每天平均练球9小时，累积的总练习时数早就超过1万小时，这就是他迈向卓越的关键原因。

　　特别是高中时期，林书豪在教练迪彭·布罗克的指导下，开始了一个几乎每天都要执行的训练计划：上午10时至11时，速度和灵敏度训练；上午11时至午饭前，耐力及负重训练；下午1时至2时，投篮训练；下午2时至4时，个人针对性锻炼。从2007年夏天直到现在，林书豪一直坚持着这个魔鬼训练计划，从不间断。因此，当他在尼克斯一炮走红进而大红大紫时，迪彭·布罗克根本就不意外，也不认为这是什么奇迹。因为"天道酬勤"。

在尼克斯对阵的前夜，湖人队科比被问及对林书豪是否了解时的答案是"闻所未闻"，态度是轻蔑的；同林书豪交手后，科比服了，他对林书豪的评价是："林的经历是一个伟大的故事，一个通过自己的努力实现奇迹的例子，他可以成为全世界年轻人的好榜样。"

在畅销书《一万小时的神奇威力》中，曾为英国奥运选手的作者马修·施雅德，搜集了高尔夫球名将伍兹、网球名将阿加西、足球金童贝克汉姆等人的故事，得到的重要结论是，"只要是顶尖高手，几乎没人可以规避这条路，那就是达到顶峰之前必须先下10年苦功。"

可见，任何时候，熟能生巧、勤奋努力都是取得成功的不二法门。我们青少年在学习中，也要做到勤奋努力。对于陌生的字词，需要写很多遍来记住它们，对于新学的词组，需要不断地用这些词组造句子才能逐渐理解它们的含义。等时间长了，我们会不由自主地说出用这些词组造出的句子。各科知识的学习过程，实际上就是一个熟能生巧的过程。

我们需要重复这些还没有掌握的知识，不断地使用这些知识，长此以往，这些知识自然而然地就真正地属于我们自己的了。

# 心态魔方：正确对待学习难点

青少年朋友，人的心生来就是很脆弱的，而挫折却有可能让人变得坚强。在学习过程中，我们遇到挫折是在所难免的事情，在承受住一次次的打击之后，我们才能具备顽强的忍耐力和高度的承受力。正所谓"宝剑锋从磨砺出，梅花香自苦寒来"。

学习上的困难有很多，比如我们会搞不清楚数学上的函数，或许也不明白语文上的"之乎者也"，更不好意思开口说句"I don't know！"似乎每个学科都有每个学科的难点。

还有的时候，我们字写得不好，书背得慢，考试或者做题时马虎……学习中的困难很多。

别担心，俗话说："困难像弹簧，你弱它就强。"学习上的困难也是如此。只要解决难点，我们的学习就会顺风顺水了。

当我们在学习中遇到各种各样困难的时候，首先要冷静，心平气和地面对这些难题，先思考一下解决的办法，如果实在想不通，可以求助老师、家长和同学，把你的想法告诉他们，然后耐心地听他们讲解，弄清楚其中的奥妙。如果再遇到类似问题，就可以自己搞定了。

学习是个循序渐进的过程，对学习既要知难而进，又要学会从易到难地解决问题。在学习中遇到困难和挫折是很正常的，关键是要克服它们。

有的人喜欢向困难挑战，在战胜困难时感到其乐无穷，这样就形成了自己的学习兴趣；有的人不喜欢困难重重的感觉，那就可以在学习中选择从易到难解决问题的方法，不要急于求成，让自己在每前进一步中都体会到一种成就感。

曾经看过这样一个故事：

有一天某个农夫的驴子，不小心掉进一口枯井里，农夫绞尽脑汁想办法希望救出驴子，但几个小时过去了，驴子还在井里痛苦地哀号着。最后，这位农夫决定放弃，他想这头驴子年纪大了，不值得大费周折地去救它出来。

于是农夫便请来左邻右舍帮忙一起将井中的驴子埋了，以免除它的痛苦。大家人手一把铲子，开始将泥土铲进枯井中。当这头驴子了解到自己的处境时，刚开始叫得很凄惨。但出人意料的是，一会儿之后这头驴子就安静下来了。

农夫好奇地探头往井底一看，出现在眼前的景象令他大吃一惊：当铲进井里的泥土落在驴子的背部时，驴子的反应令人称奇！它将泥土抖落在一旁，然后一步步地站到泥土堆上面！就这样，驴子将大家铲到它身上的泥土全部抖落在井底，然后再站上去。很快，这头驴子便爬出枯井，在众人惊讶的表情中快步地跑开了！

不知道大家从这个故事中能得到怎样的启示，我们在学习过程中很可能会像这头倒霉的驴子一样不小心掉入被知识包围的"枯井"之中，我们要如何从中解脱呢？

事实上，我们在学习中所遭遇的种种困难、挫折就是覆盖在我们身上的"泥土"；然而，换个角度看，这些泥土也是垫脚石，只要我们锲而不舍地将它们抖落掉，然后站上去，那么即使是掉落到最深的井里，我们也能安然地脱困。

所以，青少年朋友，有理由相信，只要我们以积极乐观的心态对待学习上的困境，抖落掉在我们身上的"泥沙"，就没有爬不出的"枯井"，没有战胜不了的困难。

# 时光隧道：要赶上岁月的脚步

古语说："一寸光阴一寸金，寸金难买寸光阴。"的确如此，我们要想成为一名出类拔萃的尖子生，就要掌控好时间。

时间的流逝，不以任何人的意志为转移，我们要想达到博知广识的境界，首先就要学会珍惜时间，努力读书求知。时间，对于我们每一个人来说，都是一样的，然而，善于珍惜时间的人，就要比不善于珍惜时间的人拥有更多看书求知的机会。

时代在进步，知识在更新，你如果不懂得刻苦求知，更新自己的知识结构以赶上知识更新的步伐，就会被时代淘汰。

现代社会的知识，绝非古时那种之乎者也之精与历史知识之熟可比。所有的现代知识，例如电脑网络、环球经济、国际政治等，都在不断地变化、更新、发展，若不注重看书求知，很快就会落伍，知识渊博又从何谈起呢！

社会在飞速发展，生活节奏在加快，许许多多的人都在感叹没有时间看书学习，事实果真如此吗？不难发现，我们在不知不觉中把很多的时间都浪费掉了。

这让人不禁想到了大作家朱自清的散文《匆匆》：

洗手的时候，日子从水盆里过去；吃饭的时候，日子从饭碗里过去；默默时，便从凝然的双眼前过去。我觉察他去的匆匆了，伸出手遮挽时，他又从遮挽着的手边过去，天黑时，我躺在床上，他便伶伶俐俐地从我身上跨过，从我脚边飞去了。等我睁开眼和太阳再见，这算又溜走了一日。我掩着面叹息。但是新来的日子的影儿又开始在叹息里闪过了。

这就是我们不经意间让时间从指缝中溜走的真实写照。那么我们怎么才能不留遗憾，怎么才能有时间呢？

## 1. 利用好零星时间

时间就像海绵里的水一样，只要你挤，就能挤出来。但凡有成就的人，总会找到零星的时间进行学习的。我国著名数学家苏步青，晚年的时候身兼数职，但还是写出很多权威著作。他哪来的时间呢？原来，他就是利用零星的时间。他说："我用的是零布头，做衣裳有整料固然好……没有整段时间，就尽量把零星时间利用起来，天天20分钟、30分钟，加起来可观得很。"

确实如此，时间是最不偏私的，它给我们每个人都是一天24小时，它也是最偏私的，因为每个人实际得到的都不是24小时。

有人曾计算过，如果一天挤一小时业余时间来学习，从16岁至70岁，可以学习2万个小时，若每小时读10页书，那么可读20多万页，其厚度将有两层楼那么高。

所以，想要成为尖子生，就要学会利用零碎的时间，比如早饭前我们可以边洗脸漱口，边背诵头天晚上背过的课文；吃过午饭之后，可以在午休前复习几个英语单词；晚上睡觉前，可以读一读第二天要讲的课文。时间就这样被我们一点点牢牢抓住了。

零星时间用于读、背、记，整块时间用于理解、练习，各得其所，我们学习和复习的效率定会大大提高的。

## 2. 节省时间的秘方

其实，我们有很多方法可以将有限的时间拉长。所谓的拉长就是节省时间。

第一，醒来之后，马上起床。很多人喜欢睡懒觉，喜欢赖床。这是一个非常不好的习惯，要知道时间是补不回来的。

第二，合理安排时间。比如：可以随身携带一本袖珍手册。这样，当你在排队或在某些地方坐下休息，以及其他空闲的时候，便可以拿出来读一读。不要认为这很难，其实只要你愿意，这是一件很容易的事。就像这个故事所讲的：

教授上课时拿来一个瓦罐和一个装满石头的盘子，他把石头一块块地放进罐子里，直到不能放为止。他问：这个罐子是不是放满了？

"是的。"学生们异口同声地回答。

"是真的吗？"教授拿出一盘沙子倒进罐子，沙子流入大小石块之间的缝隙。接着，教授又问："这次罐子满了吗？"

"没有。"学生们似乎明白了些什么。

"很好。"教授拎来一桶水，然后把水倒进了罐子。然后他指着这个装着石头、沙子和水的混合物的罐子又问大家："看了刚才的实验有什么启示呢？"

有人说，时间就像海绵里的水，只要你愿意挤，愿意捏，总还是有的。

教授点了点头，又摇了摇头，问大家：“如果我不先放那些大石头，而是那些小石头，沙子或水，那结果又会是怎样呢？”

“那样的话，那些大石头就无法放进去。”学生们说。

“对！这才是问题关键之所在。我们只有先把大石头放进去，才可以在空隙里放进许多小石头、沙子和水。”

同样的道理，我们在管理时间的时候也应该这样，在精力最旺盛的时候做那些最重要的事。什么是最重要的事情呢？就是能给我们带来最高回报的事。你已经做完一件事，就不要往后看。忘记一切不愉快的往事，要下决心马上开始新的学习。总之，不要为不可挽回的事情而浪费时间。

第三，放好洗漱器具，减少洗漱时间。在这里我想讲一个收纳原则：工具存放的地点要尽量靠近使用的地方。这个原则是收纳中最重要的原则。漱口洗脸的器具就应该放在离水龙头较近的地方，你可能是这么放的，但只是可能，如果没有，可以想办法换个摆放的位置。

第四，充分利用路上的时间。大多数人没有利用好路上的时间。利用路上时间的方法可以有多种，这里提供两种。一是走在路上或在车上人太多时，可以选择听，听的内容可以是你想学的语言，英语、日语、韩语都可以。二是在车上有座位或地铁上人较少时，可以用手机看书。

第五，消除困倦感。学习时，如果规定的上床时间还未到，你觉得困倦了，不要马上躺下小睡片刻。相反，你把课本拿起来，站起来在房间里走走，大声地将课文内容念起来，一会儿困倦感便会过去。

第六，利用宝贵的空余时间来思考。从教室里走出来时，你可以回忆一下你刚才听过的讲课的要点；你到教室去上课时，也可以回忆一下上一堂课老师讲的要点；在散步的时间，可以思考作文的题目和标题。

第七，学习时要有短暂的休息时间。把一个长作业用休息的方式分隔开来做更好一些，这是因为：小歇片刻能够使你避免疲倦和厌烦；在较短的时间内，你更易集中精力努力学习；5分钟的休息能激发你的学习热情；最重要的一点是你所学的东西在休息的时间内可能渗透到你脑子里去。

第八，准备一份月历。购买或制作一份月历，重要的是要会用它。这份月历要将整整的一个月都显示在一页纸上。你为了准确地支配时间，只要瞥上一眼就可以知道哪门功课在何时做完。

第九，每天拿出15分钟进行总结和计划。如果你能将上面的几条都做好，那你一定节省了相当多的时间。最后，每天拿出15分钟进行总结和计划，想想今天有什么做得不太好的地方，需要改进的地方，同时把明天和以后的计划做好。另外，在执行计划的过程中，还需要时刻检查你的计划，调整你的计划。

### 3. 利用学习高效期

生理学家研究认为，一天之内有四个学习的高效期，如果使用得当，可以轻松自如地掌握、消化和巩固知识。

第一个学习高效期：清晨起床后，大脑经过一夜的休息，消除了前一天的疲劳，脑神经处于活跃状态，没有新的记忆干扰。此刻，无论是读书还是记忆，印象都会很深刻，学习一些难记忆但必须记忆的东西较为适宜，如外语、定律、历史事件等。有时即使强记不住，大声念上几遍，也会有利于记忆。所以清晨是一个学习记忆高效期。

第二个学习高效期：上午8时至10时，人的精力充沛，大脑易兴奋，思考能力、认知能力和处理能力较强，此刻是攻克难题的大好时机，应充分利用。

第三个学习高效期：下午6时至8时，也是用脑的最佳时刻，不少人利用这段时间来回顾、复习全天学过的东西，加深印象，分门别类地归纳整理，也是整理笔记的黄金时机。

第四个学习高效期：入睡前一小时。利用这段时间来加深印象，特别对一些难于记忆的东西加以复习，则不易遗忘。

除以上一般性的学习时间规律外，对于不同的人来说，还有自己独特的学习时间规律和习惯。为了提高学习的效率，我们要善于发现并充分利用自己独有的学习高效期，同时，要养成在固定的时间段进行学习的良好习惯。

另外，高考、中考正值天热时节，应尽量利用好早晨两个小时和晚上两个小时，此段时间空气凉爽，学习效率肯定不错。

# 敢于创新：开启梦想的大门

青少年朋友们，如果提到乔布斯，你们会想到什么呢？是iPhone（苹果手机），iPad（苹果平板电脑），还是Mac（苹果电脑）？这些产品令人喜爱。

你们有没有想过，世界上那么多的"果粉"，为什么会如此迷恋苹果产品呢？就是因为苹果产品的与众不同，因为苹果产品独特的创新设计。而这些产品恰恰是苹果人创新精神的果实。

作为新时代的青少年，时代要求我们成为思维灵敏、判断准确、主意巧妙的智者。只有这样长大后我们才能够灵活自如地适应时代发展的需要，成为知识与能力兼有的创新型人才。

其实，对于任何一个人来说，只有创新才会使自己充满活力，只有创新才能使自己不断改进，化劣势为优势。因此，我们要想将来有所成就，平时就不能只关注分数，还要注意培养自己的创新能力。

也许有人会说，创新是天赋，谁能跟乔布斯相比啊？这里，实际忽略了一个事实，那就是我们每个人都可以通过后天学习成为梦想家。或许我们并不能达到乔布斯这样的高度，但是却可以让自己变得更好。

具体要如何做呢？在这里，我们就一起来分享几个秘诀吧！

**1.改变你的生活路线**

认识的事物越多，想象就越宽广，就越有可能触发新的灵感，产生新的想法。如果整天是"三点一线"的生活，一心只想着学习，你就可能变成没有创新能力的"书呆子"。

如果你不想这样生活，那就换一个视角，换一种方式去学习和生活吧。比如去上学的时候换条路径，乘公交车或者骑自行车，甚至是走回家。又如，换一批人一起吃午饭，换一批人出去玩，换一个地方去锻炼，在周末做一件以前没做过的事情等。

大胆地从你的"舒适区"走出来，试着去接触陌生的人和陌生的环境。如果你每天只是跟同一批人在同一个地方互动，你如何会有变化，会有新的创意呢？

### 2.每天来一次头脑风暴

好点子都是思考来的。没有思考就没有创新。因此，我们要学会每天给自己来一次头脑风暴，对象可以是任何东西。

具体可以这样做：上学或者放学的路上，从你所见到的、听过的任何一件事或物品开始这样的提问："对面大楼的墙面最适合贴什么样的广告？""这家茶馆除了卖茶，还可以卖什么？什么会是大家感兴趣的东西？""如果我是刚才那个人，我会怎么解决呢？"……

在一次头脑风暴中，除非你有20个想法，否则就不要停下来。此外，不要急着对这些想法进行过滤，不管这些想法有多么荒诞或者愚蠢，都一股脑儿先把它们写下来，并接受这些想法。

你还可以每周将自己的学习计划做一次改良，或者每天把各种改进的构想记录下来，在每星期一的晚上，花几个小时分析写下的各种构想，同时考虑如何将一些较切实的构想应用在学习上。

你起先懂多少并不重要，最重要的是，你开始以后学到什么以及如何应用。在思考的过程中，有一些想法可能是轻而易举就想到的，有一些会有一定的难度，而另外一些会很难想，而这部分也正是精华所在，不能轻易放弃！

多多进行这样的思考，最终你就会形成一种新的思考习惯，不管是这种习惯本身，还是在头脑风暴中形成的构思，都可以运用到你的学习和生活当中。

### 3.凡事多想几种方法

我们在做一件事的时候，往往就用第一个想到的办法去解决。

其实，方法有很多，不妨换个思路想一想。比如说学习中碰到一个问题，尤其是很有争议的问题，那么除了想到现有的解决方式以外，还要想想有没有别的解决方式，然后再好好审视自己的思考结果，看看有没有纰漏。

有时候，一些问题可能会有多个答案，那么千万别停留在这个问题的第一个答案上。就以什么是创新为例吧，你可能会说创新就是创造新的东西，这没错。

其实，创新远远不止这层含义。说别人不敢说的话，做别人不敢做的事，想别人没想的东西，想到改进某件事的方法，这些都叫创新。所以，如果你想培养自己的创造力，那么就试着除掉那些显而易见的答案吧！

### 4.打破惯性思维

打破惯性思维，克服保守观念是创新的关键之一。不要总是用老方法或已有的经验去做事。要大胆地尝试和探索，并积极地去实践。同时，我们要对自己接触到的事物保持旺盛的好奇心，要敢于在新奇的现象面前提出问题，不要怕问题简单，不要怕被人耻笑。

一些好的创意点子总是很难实现的，但你要相信你能实现。你的第一次尝试，甚至直到第十次尝试，都可能不完美。如果这就让你止步，那你每做一次尝试，都很有可能习惯性止步。有时试着再向前迈进一步，一切很有可能就会变得海阔天空。

### 5.积极交流

一个人有一种思想，如果与别人交流之后，就等于有了两种思想。况且通过交流不同的信息，往往能迸发出创新的思想火花。多多与别人交流吧，你会发现许许多多不同的东西！

### 6.储备知识

学并创新，创新之后再学习，这是创新的根本途径。丰富的知识是我们进行一切活动的基础，也是我们创新的起点。没有知识基础的创新往往是不负责任的胡闹。

那么，丰富的知识从哪儿来？不是从天上掉下来的，不是从地下冒出来的，不是人头脑里原有的，而是要通过两个字得到，那就是实践。

青少年时期正是我们学习知识、储备能量的重要阶段，因此我们一定要具备想常人不敢想、做常人不敢做的创新精神，才能紧跟时代的步伐，开启梦想的大门！

# 能力测试：你学习时的情商怎样

情商就是情绪商数。在学习中，我们都想保持一个良好的情绪，但总有这样那样的情绪波动。怎样控制住自己的情绪、从容学习呢？下面的测试也许对你会有所启发。

1. 上一次考试因偶然的胃痛而失利，下一次考试你是否会很担心身体再度出现不适？

    A. 考试时出现了一次胃痛，说不定下次也会这样

    B. 考试之前要特别注意自己的饮食、起居等

    C. 认为胃痛只是偶然，不过是庸人自扰

2. 考试失利，你会认为问题在于：

    A. 自己的能力就是不行，再努力也是那么回事

B. 试题的质量有问题，难、偏

C. 自己的努力不够，只要努力，成绩必定有所提高

3. 考试成功，你会认为：

　　A. 试题简单，考的都是自己掌握的内容

　　B. 自己本身就有这个能力，早在预料之中

　　C. 这是对自己努力的回报

4. 你怎么看待脾气大的同学包括你自己？

　　A. 脾气大不但影响自己的学习，也影响别人的心情

　　B. 只要不冲别人发火就行

　　C. 人都有脾气，恐怕改不了了

5. 冲别人发过火后，你的感受是什么？

　　A. 很正常啊，不冲别人发火还能冲自己发火吗

　　B. 稍微有点内疚，但很快就过去了

　　C. 痛定思痛，反思自己，务必改掉这个坏毛病

6. 你和别人交流过哪些情绪调整的方法？

　　A. 没交流过

　　B. 我们周围同学有人用过饮食调节法、体育锻炼

　　C. 还有积极的自我暗示、自我放松训练等办法

7. 上课或考试之前，你的心情很不好。你会怎样？

　　A. 一定会用一些法子来调整自己的心情

　　B. 想摆脱坏心情对学习和考试的影响，但收效不大

　　C. 没心情，稀里糊涂混过去算了

8. 一次考试后，你感觉考得不太好，很郁闷。你会怎样？

　　A. 把郁闷进行到底，不郁闷还能怎样

　　B. 长跑不错，我几乎百用百灵

C. 从不同角度来调节自己，在最短时间内恢复平常心

9. 偶然一次考试，遇到一道难题卡壳而导致考试失败。这次经历会影响你以后的考试吗？

A. 我也好担心啊

B. 相信以后不会发生在我身上

C. 吃一堑长一智，我要好好总结原因

10. 今天的测验没考好，晚上躺在床上你会想什么？

A. 失败乃成功之母，路还长着呢

B. 自己水平好像真的不行哦

C. 怎么向父母交代，怎么在同学面前抬起头

11. 听自己不喜欢的老师上课时，你会：

A. 他讲他的，我做自己的事

B. 坚持听，听到哪里算哪里吧

C. 考试在即，把知识学到手要紧

12. 早上起来，你用心感受过自己的情绪是什么样子吗？

A. 积极的。过好今天，就离自己的目标更进一步

B. 反正得学习，一天天对付着过吧

C. 懒散的。忙碌的一天学习又要开始了，真愁人

13. 老师误会自己犯了错误，害得自己白白挨了一顿批，你会怎样？

A. 感觉自己倒霉透了，连上课都没有精神

B. 想了很久，终于鼓足勇气向老师解释

C. 人都会犯错误，我可不会傻到用别人的错误惩罚自己的地步；这样的事不过过眼烟云，根本不算什么

14. 你心情不好，同学和你说话，你怎样做？

A. 爱理不理的，让对方觉得他好像欠你不少钱

B. 告诉对方自己没心情陪他聊天

C. 诚恳地说明自己的状况，请求对方的帮助

15. "家长不唠叨学习我还能学点，越唠叨我就越不学。"这样的事曾经发生在你身上吗？

A. 我都是大人了，还用他们管？懂不懂心理学啊！学习够累了，还跟着添乱

B. 青春年少，谁都避免不了的。偶尔为之，就算是自我减压的一种法子吧

C. 家长的关心没有错，不管他们采取什么样的形式去做，我都坚持在相互沟通中鼓足干劲，一心做好自己的事

16. 与好朋友说话无所顾忌，无意中拿对方当了出气筒。你会认为：

A. 减压的方式有很多，一定要选择最好的；既解决了自身问题，也要帮助朋友

B. 自己虽然可能出了气，但同时也让对方长了气。不能太自私了

C. 学习那么紧张，压得都快喘不过气了。当出气筒是他的荣幸，朋友就该做出点牺牲

17. 学习、考试时情绪浮躁，你会怎样做？

A. 一直没有找到好的解决办法

B. 看运气吧，这次说不定心情会很稳定呢

C. 向班主任和心理辅导员请教，平时积极练习，不怕考试时出现问题

**计分标准**

| 题号<br>得分 | 1 | 2 | 3 | 4 | 5 | 6 | 7 | 8 | 9 |
|---|---|---|---|---|---|---|---|---|---|
| A | 0 | 2 | 0 | 2 | 0 | 0 | 0 | 2 | 0 |
| B | 1 | 1 | 1 | 1 | 1 | 1 | 1 | 1 | 1 |
| C | 2 | 0 | 2 | 0 | 2 | 2 | 2 | 0 | 2 |

| 题号<br>得分 | 10 | 11 | 12 | 13 | 14 | 15 | 16 | 17 | |
|---|---|---|---|---|---|---|---|---|---|
| A | 0 | 0 | 2 | 0 | 0 | 2 | 0 | 0 | |
| B | 1 | 1 | 1 | 1 | 1 | 1 | 1 | 1 | |
| C | 2 | 2 | 0 | 2 | 2 | 0 | 2 | 2 | |

**解析如下：**

24分～34分——较强：你有很强的情绪控制能力，即使周围环境和事件发生了变化，你也能灵活、机动地及时调整自己，是一个很好的情绪管理者。

14分～23分——一般：你对自我情绪有一定的控制力，但在灵活性上稍欠火候。加以训练，你完全可以从"管家级"成为"老板级"。

0分～13分——较差：稍有风吹草动，情绪即起波澜，你要用心去控制自己的情绪。要成为情绪的"将军"，而不是"奴隶"，你还需要努力哦！

# 第三章

# 助力百宝箱

在学校学习中，为什么同一个班级有的学生成绩好，有的学生成绩差呢？这是因为学习成绩好的学生拥有学习的"助力百宝箱"，这个百宝箱里包括阅读课外书、认真写作业、认真对待考试等各种学习技巧。

# 特别前奏：学习要打有准备之仗

俗话说"不打无准备之仗"，凡是在学习或工作中表现好的人，都是善于提前作好准备的人。林书豪之所以每次比赛都能全力以赴，是因为他事前作好各种准备，每天比别人多训练三四个小时以上，同时认真研究好对手战术，才有充分的信心上场应战。

对于我们来说，学习提前作好准备，首先就是预习。预习功课不是可有可无的事情，而是学习过程不可缺少的环节，是提高课堂效率的保障。

我们都知道"知己知彼，百战不殆"，这句话就是告诉我们预习的目的就是要做到知己知彼。

预习的作用在于调动学习新知识的积极性，为掌握新知识做好知识和心理方面的准备，熟悉老师要讲的内容，找出疑点和难点，带着问题听课，使听课更具有针对性。

预习好比外出旅游之前，先看一下导游图，大概了解一下要游览的地方，做到心中有数。正如农民种田要备耕、工人生产要备料、军队打仗要备战一样，要想学得主动、收到良好的效果，必须重视课前预习。它是掌握学习主动权的一个重要环节，也是衡量你会不会学习的一个标志。

有的同学认为预习可有可无，"老师反正要讲，没必要事先多伤脑筋"；有的同学认为"自己没预习也照样学得不错，何必再浪费时间"；有的同学认为"成绩好的学生才能预习，基础不好，课都难听懂，更是没法预习"；也有的同学认为"预习虽然好，但功课多，没时间"。这些想法都是不正确的。

其实，课前预习的好处太多了，它可以培养和提高我们独立探索的领悟力，能够帮助我们扫除听课中的"拦路虎"，让我们更主动地去学习。而且预习后，老师口里讲的、手中写的、书上说的，哪里有哪里无，自己一清二楚。这样，就可以把更多的时间用在思考问题上。

有的学生，课前不预习，上课当"录音机"，总喜欢把老师的所有板书一字不差地抄录下来，有时只顾专心抄录甚至耽误了听讲和思考问题。

上课记笔记，下课背笔记，做作业时抄笔记，没有进行充分的思考、归纳和整理，其结果是学习效率低下。

适当的预习，还有利于巩固所学知识。这是因为一是预习中独自弄懂的内容，经过了积极思考，就难于遗忘；二是预习中没有弄清的问题，或者是课堂上仍然没听懂，经过了一番思考和钻研后，听课时豁然开朗，会使你产生强烈的印象，记得更久、更深刻。

## 1. 课前预习很简单

我们有些同学不是不预习，而是不会预习。其实，预习很简单。我们可以按以下几个步骤去做。

一是明确第二天老师要讲的知识点是什么。不要以为看看课本，了解一下都有什么内容，就是预习了。好的预习应该是在自己的本子上列出这节的知识点，看看前边学习的知识点，与这节的知识点是否有联系。

二是找到新的知识点。在第一步的基础上，在知识点下简要列出自己认为这个知识点的具体内容是什么。

三是思考这个新知识点。可以采取哪些解题方法。一般新的知识点，都有例题。课前预习不应只是看例题，而是自己做一遍。因为例题往往是对这个知识点的某个角度的演示，每一步包含的道理、知识点、解这类题的方法步骤是什么。要将这些内容总结出来。

四是写出对这个新知识点不明白的地方。第二天听讲的时候要注意听，看看老师讲这个知识点与自己的想法有什么出入，有对比才能集中精力，如果你的思路好，甚至可以提出来告诉老师，让大家一起分享它，这就是一种学习的快乐。

五是在一页纸上或者笔记本上将知识点列出来，自己可以画一棵知识点树，每个枝节都是这些知识点的细节，每个细节上列出解题方法。

按照上面的步骤进行预习，并坚持养成习惯，你的成绩一定会出现奇迹般的变化来。

## 2. 预习的方法

预习大体可以分为三种，一是在新学期开始之前，通读教科书，粗略地了解新学期学习的主要内容；二是粗读一章，了解本章的大概内容，找出重点难点；三是细读一课，分出已懂、不懂和似懂非懂的地方。通常讲的预习，是指第三种。

我们总结了以下几种预习方法以帮助同学们合理地预习功课。

第一，浏览法。主要是看标题、读目录，从中大致了解全书或某些章节的内容。明确重点，理清头绪，知道自己每学期该学什么，学到什么程度，重点应该放在哪里。明确现在学什么，今后学什么，其前后关系又是如何等。

第二，分步阅读法。具体过程是这样的。首先认真通读教材。

边读边思考，找出重点、难点和疑点，可以适当做笔记或批注。其次利用工具书、参考书扫除障碍。再次对不懂的问题进行分析。

如果存在知识缺陷要及时补救，把经过努力还不懂的问题记下来等上课时认真地听老师讲解。最后读完教材后合上书本，围绕预习任务思考一下：

教材讲了哪些内容？主要的思路是什么？哪些是新知识？与新知识有关的旧知识是什么？还有哪些问题不理解？如果时间允许可以试做一些练习题，检查一下预习效果。

第三，问题导向法。即预习从新课的练习开始。在教材中寻找直接的或隐含的问题答案，把做习题同阅读教材结合起来。

第四，试答法。试答法是检验预习效果最好的方法。就是预习后，试做课本中的题目，检验出尚不理解的问题。需要说明的是，尝试作答，不能钻牛角尖，预习时对课后的练习题能做出则做，做不出就停下来想一想，分析一下原因，或重新再预习一遍，再尝试作答，实在做不出、想不明白也不要紧，可以先做好记号，留在上课时解决。

第五，单元预习法。即按课程的独立章节预习。一个单元的知识点间都会有有机联系，系统性也比较强。老师对每一单元的教学，都会十分注意通过演示实验、电教影像甚至调查等手段，引导学生熟悉知识重点，解决难点。

老师在单元授课后期，练习量通常比较多，还会有单元知识检测。如果你注意单元预习，对每一单元用20分钟左右时间，认真阅读课文，了解课文讲述的概念、公式、原理，观察图表含义，注意掌握实验步骤、规范的说明，思考课文疑难所在，则费时不多，便能与老师的单元教学设计配合紧密，获得良好的效果。

第六，定量预习法。所谓定量预习法，实际上就是依据自己的生活规律，制订一个科学的预习计划和程序，在预习时定时间、定内容、定数量、定质量，从而提高预习效率。

# 精彩课堂：充分利用课上的每一分钟

青少年朋友，你有没有认真算过，你在课堂上花费了多少时间用来学习呢？

根据我国教学大纲规定，一个学生在中学期间上课的总数有2万多节。如果把每节课的时间累加起来，这将是多么惊人的数字啊！

学习成绩的优劣固然取决于多种因素，但如何对待每一堂课则是关键。要取得较好的成绩，首先就必须充分利用课堂上的每一分钟来提高听课效率。

每节课的时间，对所有学生来说都是公正的。身在同一个班里，由相同的老师教，有的同学成绩却不理想，其重要的原因之一是不能充分利用好课上的每一分钟，课堂学习效率低，学习方法有问题。为了搞好学习，应把握好课堂学习的规律和特点，努力提高课堂学习效率。

提高课堂学习效率，就是要有效地利用时间。在校学习的时间80%都安排在课堂上，从课堂学习所处的时间看，是早饭以后的整个上午和下午3时前后。此段时间是学生脑功能最活跃的时间，学生注意力最集中，学习效果最好。

因此，必须有效地利用这段黄金时间，谁如果轻视课堂学习，谁就是在浪费青春，浪费生命。有不少人年少时不努力学习，参加工作后又深感自己的知识不够用，以致追悔莫及，故有"少壮不努力，老大徒伤悲"的古训流传至今。

许多同学都有这样的体会：听课这一环节抓好了，可以提高学习效率，避免课后浪费时间。听课时思维要紧张、活跃、积极，切忌消极、被动、心不在焉，要学会经常走在老师前面。

在听课时多问几个为什么，而不是老师怎样讲，自己就怎样听，同时听讲时集中注意力，调动各种感官，积极思维，就可以使听课效率大大提高，既能帮助掌握知识，又能培养分析问题、解决问题的能力，收到事半功倍的效果。

课堂学习是学生在校学习的基本形式，学生在校的大部分时间是在课堂上度过的。因此，学会听课，提高学习效率，是学业成功的关键环节。

如何听课才是正确的呢？

听课的要领是：集中注意力听，不要心不在焉或急于发言，防止听漏听错；重视导语、结语及反复强调语，跟着老师讲述的思路走，把握中心意思；注意提示语和关联语，根据"首先""第二"等词语理清内容层次；根据"因为""所以""不但""而且"等词，理清内容联系。

根据"总而言之""那么"等弄清讲述的结论；根据"认为"等弄清讲述的看法；根据"请注意""再重复一下"等把握内容的重点；边听讲边思考，不时记录板书重点。思考疑点，复述要点，注意区别观点与例证，以便于复习巩固；听讲过程中有疑问可先记下，然后选择恰当时机提出。

还有一种能提高我们听课质量的基本方法，就是听课时应在充分预习、在对自己知识水平有所了解的基础上带着问题进行。听课不光要"耳到"，还要做到另外"四到"，一是"心到"，即注意力集中，跟上老师讲课的思路，充分调动自己的大脑，围绕讲课内容不停地思考并提出问题；二是"眼到"，指要注意课堂上老师在黑板上写的重点；三是"口到"，即积极回答老师的提问；四是"手到"，就是做好笔记。

## 练练耳朵：防止课堂走神的小诀窍

青少年朋友，你是否经常在课堂上走神溜号呢？你是否上课时也想专心听讲，但就是无法控制"走神"现象，管不住自己呢？是不是经常胡思乱想，或者是在本上、书上乱画，或者是玩文具盒里的学习用具呢？或者在上课的时候和周围的同学说话、传纸条逗乐？

你是不是人在教室里上课，心却在操场上和别的班级同学一起上体育课？别人都在聚精会神地听课，你的思想却像一匹脱了缰的野马在草原上狂奔乱跑，想让它停也停不了呢？

你也知道，这些毛病是不好的，你想彻底克服这样的毛病吗？告诉你一些小诀窍吧！

要想解决上课溜号的问题，首先，强化"有意注意"。善于支配和控制自己，上课铃一响，万事抛在脑后，使上课成为一种自觉行动。作为学生要努力克制自己不受外界干扰，把注意力集中在课堂学习上。

要做到这一点最根本的还是应当在提高学习兴趣上下功夫。因为说到底，对一件事的兴趣程度与对那件事的注意水平是成正比的。不信你想想看，做游戏或者看动画片的时候有谁会溜号？奥秘就在于感兴趣。

因此，从这个意义上看，树立明确而自觉的学习态度，使学习成为自己由衷喜欢的一件事，面对干扰时就能做到视而不见、听而不闻了。

其次，告诫自己，分离干扰。外在无关的刺激常常会干扰我们的注意力。如汽车鸣笛声、高音喇叭的叫声、机器的噪声、嘈杂的人声等，都会使我们心烦意乱或心有所迁，很难集中注意力学习。

针对外界的干扰，我们除了可以更换环境以外，还可以提醒自己用顽强的意志力抵挡外界的干扰。比如，我们可以暗示自己："我决心抵挡外界干扰，外界的干扰越大，我就越是能集中注意力，做到充耳不闻、闹中取静。"

很多时候的干扰，不是外界干扰我们，而是我们受外界干扰。当我们不愿意受外界干扰时，外界就再难以对我们产生影响了。

再次，可以借助词语提醒。例如：俄国作家果戈理在注意力分散、无法下笔时，就在纸条上写下了这样的句子："我今天为什么写不出？"然后渐渐地进入专注状态。

作为学生，上课分心时，也可自我提醒，如"老师在讲什么"，"老师为什么要这样分析"，"我要注意听讲，别开小差"或写张纸条"注意力要集中"等，以此来提醒自己。

最后，要跟上老师课堂上对注意力的调换。正常情况下，中学生的注意力能保持在30～40分钟，超过这个时间就会因为大脑疲劳而注意力涣散。

所以，聪明的老师很少拖堂，而且在课堂上总是会想方设法地通过教学形式和内容的变换，来调换我们的注意力。如数学课上，老师讲解新知识后就变换形式让同学做练习，然后再由老师和学生共同分析，这样有计划地变换讲课的内容、形式，使学生们始终保持注意力集中。

聪明的学生，就应该主动跟上老师对注意力调换的节奏。同时，要利用下课时间抓紧休息，而不是学习。

# 边写边学：课堂笔记如何记

青少年朋友，你写课堂笔记吗？你知道怎么写课堂笔记吗？课堂笔记对于我们学习和巩固课堂知识有怎样的重要性，你知道吗？

课堂笔记是通过耳听、眼看接受课堂知识信息，并通过脑想、手记来完成记录的一种学习方法。一般应记的内容有：老师在黑板上写的，往往是课堂重点，应该记下，尤其是一些重要的论点、论据、定理、定律、公式、概念、结论和解题方法等；听课时发现的问题要记下。这是新的疑难点，可供自己在课后思考或向别人请教。

为了能记录好最实用的课堂笔记，我们需要在记录好课堂笔记时做到以下事项。

## 1. 记提纲一目了然

有的同学反映，课堂上记数学笔记，常感到听了来不及记，记了来不及听的现象。其实，没必要记下所有的东西，记笔记应详略得当，提纲挈领。

记好提纲，使得一部分内容学下来后，觉得脉络清楚，然后可根据提纲进行回忆和补充。有了合适的提纲，我们在整理笔记时，就可以进行补充和完善，加深对相关内容的理解和把握。

## 2. 记思路按图索骥

课堂笔记，记思路是切实有效的，有了思路，就像航海时有了航标灯，自然就有了前进的路线和方向。记思路也要因地制宜，如果对于一个难题，听了或看了仍头绪不清，难以理解，比较茫然，这时，记思路就应该详细些，并记好结论，方便复习和思考。

## 3. 记重点有的放矢

记课堂笔记，首先要关注开头和结尾。在开头时就能明确提纲、把握重点，记录时就有的放矢。结尾虽话语不多，却是这节内容的精彩提炼和复习巩固的提示。

高度关注老师反复强调的内容。重点内容在课堂必会得到反复的强调，有时老师会把有关内容框出、画出，或者用彩色笔写出以求引人注目，突出重点。

明确了重点，我们的记录就能详略得当，泾渭分明。在记录重点时，也要不失时机地记下有关解析内容的经典范例和突破重点的巧思妙解。

## 4. 记疑难追根求源

老师在讲课的时候，经常会补充一些经典的例题或恰当的比喻来引入概念、突破难点、强化重点、说明方法或优化思维。

这些经典的范例，有的会让我们恍然大悟，有的会让我们回味无穷。记下补充的内容，用到的时候可以信手拈来，使得我们在学习的过程中，发挥这些补充内容的功能，深刻理解知识，牢固掌握方法。

### 5. 记总结高屋建瓴

每节课听下来，老师都会归纳或引导同学归纳所学知识的精髓。记录好总结的内容，使得所学的相关内容变得一目了然。要是能够准确而又有条理地记录下来这些关键的内容，可以减轻我们学习上的许多不必要的负担，少走许多弯路。如果自己能给出言简意赅的总结，说明这部分知识得到深刻理解，方法也掌握得游刃有余了。

### 6. 记感悟标新立异

学习可以分为三个层次，一是"懂"，就是听懂老师讲解的内容或看懂书上的有关内容，这是学习要达到的初级层次。二是"会"，需自己动手、动脑进行模仿练习和实践。三是"悟"，就是由所学知识悟出道理来，对所训练的方法悟出规律来，从本质上进行把握，这是学习的高层次，也是我们追求的效果。

总之，记录好课堂笔记，是我们上好课的必要手段，我们要把老师课上传授的内容，转化成笔记，再牢牢地掌握在自己的脑海里。这样，一本笔记在手，你的学习可以不费吹灰之力，达到事半功倍的效果。


# 智慧火花：课外读物是精神食粮


青少年朋友，你读课外读物吗？你知道课外读物对我们的学习有怎样的帮助吗？你知道我们在课外读物中学到的知识有多么庞杂吗？不要以为只要把课本的知识弄明白就万事大吉了，因为只读课本上的知识，你永远成不了最出色的学生。

在推行素质教育的要求下，进行广泛的课外阅读，成了我们青少年的必修课。课外阅读不仅可以使你开阔视野，增长知识，培养良好的自学能力和阅读能力，还可以进一步巩固你在课内学到的各种知识，提高你的认知水平和作文能力，形成良好的道德品格。

### 1. 课外阅读有助于我们形成良好的品格和健全的人格

当你大量阅读富有人文精神的作品时，内心世界很容易产生震荡。一部英国儿童小说《哈利·波特》，竟然征服了全世界，连成人都不禁为小主人公的人格魅力所折服。

读中国文学、优秀中华人物事迹更有必要：从屈原"伏清白以死直"的忠诚，李白"安能摧眉折腰事权贵"的傲骨，范仲淹"先天下之忧而忧，后天下之乐而乐"的胸怀，文天祥"留取丹心照汗青"的豪情到鲁迅"我以我血荐轩辕"的赤子之心……

几千年的民族精神，在这些文字中呼之欲出。你在自己阅读课外书时，读懂其生动有趣的情节，心中再现栩栩如生的形象，体味关于爱、友谊、忠诚、勇敢、正直乃至爱国主义等永恒的人类精神，就能开启自己的内心世界，从而品味人生，升华人格。

### 2. 课外阅读有助于在读中积累语言

所谓"书到用时方恨少"，这"少"字的含义有二：一是读得少，二是记住得少。如果你能多读点书，多积累些词，等到自己说话、写作时恰当的语句便能呼之即出，信手拈来。"熟读唐诗三百首，不会作诗也会吟"说的就是这个道理。

### 3. 课外阅读有助于理解和运用知识

不少家长甚至部分老师都存在着一个认识上的误区，总觉得学生看课外书是看"闲书"，恨不得我们每分每秒都在听写、背诵其中的知识，似乎只有这样，才能提高我们的学习水平。这种想法，其实还是应试教育思维在作祟。

　　有这样一位理科高考状元，他在高中的3年内借书100多册，平均10天阅读1册。他的阅读面非常广泛，社会科学、自然科学均有涉及。既有新课标指定的课外读物，如《论语》《三国演义》《红楼梦》《老人与海》，也有学术类著作如《二十五史》《王阳明》《菜根谭》等，还有教辅类书籍等，当然，也少不了一些小说、散文，以及各类杂志，如《傲慢与偏见》《飘》等以及李敖、余秋雨、冰心等著名作家的作品。

　　到高三时，他的阅读目标更明确了，既有理科的教辅书，介绍有效学习方法的书籍，还有清华等名校的介绍资料。

可见，课外阅读并不是闲书，优质的课外读物反而有助于我们理解和运用知识，对我们今后的学习很有益处。

### 4. 课外阅读有助于培养自主学习的良好习惯

通过大力推动课外阅读，让我们自己去获取，去探求、寻觅和掌握相关知识，从而感受读书的乐趣，激发更强烈的读书欲望，最终形成良好的学习习惯。

　　科学巨匠富兰克林家境穷困，只读了两年书就失学了，12岁时到一家印刷厂当了学徒。被迫辍学并没有阻止富兰克林的求知欲望。他不满足于当一个机械式的排字工，不像其他人那样，只满足于检字排版，交差了事，而是把排字当作学习的好机会。他一边排，一边识字辨义，对所排的文稿内容也能初步领悟。

有一次，他在排一篇文稿时，发现里边有这么一句："领受此类官的大官们……"他觉得文理不通。他联系上下文思索，认为这个句子应改为："领受此类爵位的大官们……"他在原句边做了记号，并等作者校对时，提示作者注意并更正。

作者看到提示后，非常感谢富兰克林的提示，并对在场的人说："这位小排字工人能看出文稿的错误，的确难得，是个有心人。"

一个12岁的排字工却看出了一个成年作者文章中的问题，这说明自主学习的功效是多么强大啊！

## 5. 课外阅读有助于开拓我们的思维

书读多了，思路自然开阔，思考问题的方法也就不再单一了，从这个意义上说，阅读优质的课外读物，不但能"节省"我们的学习时间，而且有利于学习潜力的深度发掘，撞击出我们内心的智慧火花，从而取得优异成绩。读书的力量就在于此！

由此可见，加强课外阅读，不仅是时代对我们青少年的呼唤，更是世界范围教育成功的经验，也是我们青少年的精神食粮。

那么，我们该如何选择课外书呢？一般说来，我们要把握下面几个大的方向。

第一，值而不费。读书是为了进步，为了提高自己，所以要读那些对自己有帮助的书，这样才值得，才有效。读书若只为了消遣有趣，于己无益，还是一种浪费。所以要根据自己的需要和努力方向选书。

第二，易而不难。要选择那些语言通俗、内容较浅显的读物。有许多好书，比如社会科学方面的名著、科技方面的名著，我们中小学生一般难以读懂，所以不宜选择。为了选好读物，我们除了自己要锻炼选择、判断能力外，还可以多求助于老师或有关部门。

第三，好而不劣。所谓好书，就是书的思想内容好、知识多、文笔好。劣书则是指那些内容不健康、文笔差、错误多的书。对于黄色书刊要坚决抵制。

第四，全而不偏。读物的范围大体有：加强思想修养的书，提高文艺素养的书，扩展知识范围的书，如科普读物、历史读物、地理读物等，配合课程学习的参考用书。


# 多彩学习：课外活动让你不枯燥


青少年朋友，你爱参加课外活动吗？如果答案是肯定的，那么恭喜你，你已经向成功的道路又迈出了一步。

或许有的朋友对上面的话不以为然，他们就是不喜欢参加课外活动，他们觉得课外活动是在浪费学习时间。但是，人一生的学习不仅仅是通过书本，我们需要通过课外活动在实践中增强自身的能力。

课外活动是培养全面发展人才的不可缺少的途径，是课堂教学的必要补充，是丰富你的精神生活的重要方法。课外活动是指在课堂教学之外，由学校组织指导或由校外教育机关组织指导的，用以补充课堂教学，实现教育方针要求的一种教育活动，是根据受教育者的需要以及教育教学的需要，在教育者的直接或间接指导下，来实现教育目的的一种活动。

课外活动又可以分为校内活动和校外活动。在这里，我们把校内活动和校外活动统称为课外活动。课外活动的内容广泛，接受的是直观、形象、生动、综合性、应用性的直接经验，通过活动形式接受知识、培养能力，学习方法是多种多样的，归结起来有以下四类方法。

1. 观察、考察、参观、调查、访问

这类学习方法，可对自然和社会现象进行直接或间接地了解，获得正确、鲜明、真实的第一手感性材料，以扩大视野，打开思路，为分析问题、解决问题提供事实依据。如对气象变化、环境、地形地貌等自然现象进行观察、调查；对名胜古迹、历史遗址、市场经济等进行调查访问。

观察、调查等活动在事前必须制订计划，明确目的要求、范围对象，拟订调查的提纲或观察的记载表格。

在调查访问中，要认真听取事实情况，做好记录，收集有关资料；在观察、考察时，要持续、重复地观察，记载事物发展变化的过程；活动后把搜集的材料进行分析、研究，作出结论，写出调查考察报告。

2. 制作、操作、练习、训练

这些都是动作技能的训练，是形成熟练技巧的方法。如绘画、书法、器乐、声乐、手工制作、计算机操作和各项体育活动等，都有一定的训练法和技能形成的过程。

掌握操作技术的动作技能，有一个共同的循序渐进的客观规律，动作技能的形成有三个阶段：开始练习时是掌握局部动作阶段；经过一段时间的训练，能初步掌握完整动作阶段；最后是掌握完善、协调的熟练技巧的自动化阶段。

### 3. 阅读、视听、表述

阅读、视听和表述活动是通过报刊、图书、影视、广播、录音、录像等大众传播媒体去搜集各种信息，以扩展视野，增长知识；并通过讨论、辩论、讲演、写作等口头和书面的表述，以表达自己的思想、观点和各种见解。要学会分类摘要和检索的方法，还要学会利用网络检索各种信息。

### 4. 实验、研究、创造发明

实验、研究和创造发明是为了探索和验证某一个问题而采取的活动方法，是较高层次的活动和学习方法。如运用小发明技法制作一项科技作品或调查、考察撰写小论文等。

实验、研究、创造发明都要有一个明确的主题，要有正确的理论和事实作为依据，得出科学的结论和结果。

总之，一个人要获得知识和本领，仅靠从书本上、课堂上获得是远远不够的。接触社会生活，让丰富的社会实践来充实和完善我们的知识，这才是正确的学习观。

# 玩转作业：写作业也要讲究技巧

一提到作业，可能很多青少年朋友感到头疼，你是不是会说：

"每天面对老师留的一堆作业就已经够烦的了，为啥在这里还说作业呢？"

这里想告诉你的是，你天天都做作业，但你真正会做作业吗？如果养成好的做作业习惯，可以让你的学习突飞猛进，如果你每天花了大量的时间做作业，可是却没有取得应有的效果，那么，说明你可能还不会做作业呢。

这里教给你一些"玩转"作业的方法，你肯定会问："作业怎么玩儿呢？做作业可要认真啊！"没错，写作业是要认真，不过技巧也很重要！

我国中科院院士、海洋工程专家邱大洪曾说过："每次作业都要严肃认真地对待。平时做作业和考试一样，考试就和平时做作业一样。"

新战士第一次打靶，射击要领非常简单，就是目标、缺口、准星在一条直线上，但真让他射击，就不一定能打准，须经过多次练习。能打准静的目标，一旦让他打移动的目标，他又不一定能打准了。白天能打准，晚上光线暗时，又打不准了，还须进行夜间训练。

我们学生学习也是如此，通过适量的作业、练习，才能形成熟练的技能，增长聪明才智。所以，适量的作业是促进我们学生掌握知识的需要，是大脑思维发展的需要，是把知识转为能力的桥梁。

## 1. 写优质作业

什么是优质作业？优质作业有一个"十字"标准，那就是及时、准确、快速、规范和独立。

第一，及时。即按时完成不拖延。有的学生做作业，拖拖拉拉，占用了过多的时间。例如，本来安排好星期天下午做作业，可是有同伴来找，于是和同伴玩去了，玩完了觉得又累又饿，把做作业的时间又拖至晚饭后，晚饭后浑身又充满了倦意，即使不看电视马上去做作业，也只能应付着把作业做完。这是一种很不好的习惯。

第二，准确。就是争取"一遍做对"。准确首先来源于对题目的正确分析，分析不正确，绝不会有正确的答案。其次要有认真的态度和习惯。

钱学森说过："科学是严肃的、严格的、严密的，是不允许马虎的，所以科学技术工作者必须有良好的科学工作习惯，这种科学工作习惯不是凭空得来的。"因此，他要求青少年学生从小事做起，每一个习题、作业，每一个标点符号都要力求准确，培养"三严"的学习习惯。

第三，快速。做作业还要讲效率，不但要做对，而且要做得快。快速、高效能反映一个人思维的敏捷性，是创造型人才的重要特征。再者，现在各种考试的题量都比较大，时间紧，只有平时养成了快速解题的习惯，才能使考试顺利完成。

第四，规范。例如，解题格式要符合各类题目的要求，条理清楚，层次分明；解题步骤该要的要，不该要的不要；恰当地运用学科术语；书写字迹工整，干净利索，无漏字、错字。

第五，独立。有的学生过分依赖家长和参考书，有的学生懒于验算，这都是做作业的不良习惯。抄袭作业更是自欺欺人的做法，有百害而无一利。

还有，让老师或家长提醒后才坐下来做作业，这更是一件糟糕的事情。完成作业是自己的事，应该自己负起这个责任。

另外要注意先复习后做作业。我们常常看到一些同学，下了课，书也不看笔记也不翻，就急急忙忙地做作业。有的则是现翻书现做作业。

正确的做法应该是先复习后做作业。经过复习，头脑对知识会更加清醒，做题也有了可靠的依据，又快又好。曾有一位高考状元谈到他的做作业法则，即先预习后听课，先复习后做作业。

"做作业时不要急于打开本子就做，一定要先认真看书，看课堂笔记，把概念搞清楚，公式自己试着推演一遍，看看有关例题中对公式如何应用、有何技巧。这样，解答问题就能做到胸有成竹，使作业错误少，效率高。"

## 2. 要认真审题

做作业前，我们要切实搞清当天所学知识后再动手做作业。不要一拿到题目就做，或一边看书一边做题。

做作业时要认真审题，首先必须理解题意，即要弄清题目中已知什么，要求什么，进而寻找解题的思路与方法，设计好解题的步骤或编写好解题提纲。审题是否认真、仔细、全面，是关系到解题成败的关键。

同时，在做题的过程中要认真细心，来不得半点的马虎。因为如果在平时的作业中都粗心大意，养成对作业无所谓的坏习惯，一到考试时便会吃大亏甚至会带来终生的遗憾。

## 3. 学会检查修正

做完作业和同学对答案，交了作业等老师判对错，自己心中完全没有底，这都不是好的学习态度。应当学会自己独立地检查修正作业，这是培养独立思考能力的重要途径，也是保证作业质量不可缺少的一步。怎样检查和修正作业呢？办法很多，常用的有下面几种。

逐步检查法。即从头至尾逐步检查。如果每一步都没有问题了，也就保证了整道题的正确性，几何题一般都这样检查。对于作文，一般采取逐段修改的方法，看字、词、句用得是否准确、通顺，每段的意思是否表达清楚了，段与段之间的联系是否得当等。

结果代入法。就是将所得结果代入原式或原题看看是否合理。例如，在解方程或解应用题时，将求得的结果代入检验，就属于这种方法。

重做法。就是把题目重新做一遍。这种方法虽然呆板倒也常用。此法比较适合简单的题目。

验算法。就是利用一题多解或逆运算进行检验。

此外，对于某些带有规律性而又单一的题目，观察法往往更有效。

### 4. 应对难题和错题

遇到难题时，尽可能独立解决。一时想不通，可先放一放，甚至可以去做其他的作业。不少学生有这样的体验，有时放弃难题去做另一科作业，突然之间，原来的难题就有了解决办法了。

对于那些实在不能独自完成的，也可以请教老师和同学。如果有可能的话，可以再找类似的题做一遍，检验一下是否真正明白了。但是，切忌让别人替做，这样做不仅欺骗了老师，更重要的是欺骗了自己。

另外正确对待作业中的错误，作业本发下来，不少同学关心的是自己做对了多少题。

其实，应该首先关心自己错了多少题，找出原因及时订正。因为作业中的每一处错误都是学习上的一个漏洞，如不及时修补，日积月累，漏洞就将补不胜补。

古人说"前车之覆，后车之鉴""吃一堑，长一智"，这些说法是很有道理的。作业出错后能迅速改正，学习成绩就会稳步提高。

### 5. 学会克服烦躁心理

持续不断地做同一种事情，时间长了会感到厌烦，这种现象叫作"心理饱和"。

有人做过这样的实验：同样的作业连续做20次，和一天做一次分成20天完成，两者相比，后者的效率比前者高出30%。而且年级越低，就越明显。因此，在做作业时，如果我们数学做腻了，就换做语文或外语；语文做厌了，就去看物理或化学；书面作业做腻了，就去做口头作业。有时还可以将作业和休息结合起来，使大脑原来的兴奋中心得到全面的休息后再去工作。

总之，作为青少年，我们要养成认真高效地完成作业的好习惯，进一步巩固已掌握的知识，并通过自己的努力，最大限度减少错误，从而提高自己的学习能力。

# 字如其人：写好字为你的学业加分

我国历来就有"字如其人"的说法。的确如此，字可以说是人的第二张脸。写一手好字或者写一手规范的汉字，是每个优秀的人才首先应具备的基本素质。

### 1.要重视书写

我们很多青少年认为书写规范与否，不是什么大事。特别是随着现在电脑的普及，许多青少年更是认为手写是落伍的事，更加不重视规范书写，加上学习任务重，书写的时候就会潦草凌乱起来。

有的时候，我们很容易受到外界环境的影响，所以，书桌整理得越干净，写作业环境越安静，我们越能静下心写好字，减少由于注意力分散而出现写错字、写别字、漏字等现象。

事实上，养成规范书写的好习惯，是有利于我们的学习以及自我能力的提高的。从最实际的方面来说，现今无论是中考还是高考，书写规范都是作为一个考查对象。例如在考试作文题的要求中明确提出"书写规范，卷面整洁"，而这又经常是我们很多同学丢分的地方。

另外，一些同学书写太不规范，以致让阅卷的老师不知他写的是什么，从而影响自己的考试成绩。还有的学生，因书写不规范，到后来复习时，自己都不知道自己的笔记写的是什么，这自然会影响我们的学习。

所以，我们必须养成良好的书写习惯，这不但能提高学习效率，也是学生优秀素质的重要部分。

### 2.遵守书写要求

我国著名物理学家钱学森，不论是他的书信、教案还是研究手稿，上面的书写都非常规范、整齐。在他的手稿中，无论中文、英文、计算、图表，都是工工整整的，就连一个小小的等号，也是长短有度，中规中矩的。

由此可见，字确如其人。我们青少年也应该学习钱学森的严谨态度，严格要求自己，养成良好的书写习惯。

其实，你的字不一定要写得多么漂亮，但一定要工整、规范，一笔一画，清清楚楚，不写草字，要让自己和老师以及他人能够一目了然。所谓规范，就是按照规定书写，条理要清楚。

例如在数学科目中，在分数连乘、连除及乘除混合运算中，得数书写位置要正确。解方程时等号要对齐。规范书写格式，计算的错误率就会少很多。

再如在语文科目中，除了汉字要写整齐、正确外，标点符号书写也要规范，特别是格式要正确。

其他科目也一样，都有自己的书写格式和规范，我们都要加以注意，严格遵守。在记笔记、打草稿等方面也要注意尽量保持整洁。

总之，一个良好的习惯不可能会在短期内就形成。青少年朋友们，我们一定要随时提醒自己，坚持下来，养成良好的书写习惯，这将让我们终生受用。


# 考前攻略：究竟怎样准备应战


俗话说："临阵磨枪，不快也光。"这也就是说，我们要做好复习，复习好了，就像士兵上战场前准备好了一切，打起仗来得心应手。

考前最容易犯的毛病是不能协调好各科的复习时间和复习内容。语文、英语、政治、数学、物理、化学，门门要考、门门要看，可时间就那么多，一时不免有些手忙脚乱。应对的办法是根据时间的多少和自己各门功课的好坏，安排一个复习计划。

复习时每一个人的方法不同。但是，这时再从头到尾地、按部就班地复习，时间已经不允许了。每次考试前复习可以不看课本和参考书，而是写一份考试课程的提要，根据自己的回忆，把重要的概念、公式、难点、学习心得、解题技巧逐一写出来，按学科本身的体系排列。

当你可以把一门课的每一部分都回忆出来并写清楚，你就能感到考试有把握。然后，把写提要时发现的弱点，拿出来看看，进行重点复习；或者针对这些弱点找来一些习题自我训练一下，量要大，题要难，这样的考前复习花的时间不多，但效果往往比较好。

科学研究表明，人每天有四个高潮记忆点。

第一个是清晨6时至7时，此时大脑已在睡眠过程中完成了对头一天所输入信息的编码工作，加上没有前后识记材料的干扰，识记印象清晰，记忆效率高。此刻学习一些难记忆而又必须记忆的东西较为适宜。

第二个是上午8时至11时，此时我们体内肾上腺素分泌旺盛，精力充沛，大脑具有严谨而周密的思考能力。因此识记材料的效率很高，记忆量也较大。

第三个是傍晚6时至8时，我们可以利用这段时间来回顾、复习全天学习过的东西，加深记忆，分门别类，归纳整理。

第四个是临睡前一两个小时。这是因为这段时间发生记忆后，就不再输入其他信息，故不存在"后摄抑制"的影响；同时，入睡后，大脑会无意识地进行信息编码整理，有利于记忆的保持和摄取。我们可以利用这段时间对难以记忆的东西加以复习。

我们青少年应根据此记忆规律，安排好各门功课的复习时间表，才能收到较好的学习效果。高效复习还要围绕一个中心内容来进行，既不要超越教学大纲，也不要离开教材范围。

每次的复习量要适当，不能太多。还要注意文理交替，也就是说尽量不把内容相近的科目放在一起复习。同时要有集中的时间和安静的复习环境。我们可以制订一个复习计划，某一科的复习时间相对集中。复习时尽量减少干扰，安静的环境有助于我们集中注意力。

另外，复习前的准备工作也很重要。平时要利用零星时间，把与复习有关的书、笔记、作业试卷、参考题准备好，以便复习时可以综合比较，避免浪费时间。

当然，复习笔记不能马虎。在复习中应及时地把自己思考总结出的完整而系统的知识记下，有的可用图表。汇总起来，就是编织的知识之网。由厚厚一本书变成薄薄几页纸，既起到提纲挈领的作用，又有利于下一次复习，强化记忆的作用。

还有一点，我们青少年一定要牢记，在考试的前一天，应当舒舒服服地睡个午觉，出去玩，听听音乐，看场电影，松弛一下，这样对第二天考出好成绩是很有利的。

因为有科学研究表明，考试前的一两天再重复已复习过的东西，不但没有效果，反而会在我们心理上产生不良效应，干扰以前的记忆。


# 考场应战：如何发挥才更出色


考场如战场，考试是对我们平时学习的检验，我们要想在考试中发挥出色，取得好的成绩，跟我们平时的学习和复习是分不开的。最重要的是，考试的临场发挥也很重要，很多平时学习很好的学生，有时候会因为在考场的状态不佳而名落孙山，由此可见，在考场上如何发挥好自己的全部潜力是我们最应该学习的。

**1. 考试答题的六大技巧**

考试过程中，要尽量放松，并注意运用一些考试技巧。这些技巧虽然不能从根本上提高你的成绩，但如果考试技巧运用得不够好，考试时必然要吃亏。

第一，要严格按试题要求答题。解答每一道考题前，先要看清题目的要求。如选择题，是单项选择还是多项选择，要求画什么样的符号，符号画在什么地方，是画在试卷上还是答题卡上；所有的试题必须全部答出还是只选答其中的某些部分；答案有无字数限制等。

试题前后括号内的说明性、提示性、解释性的文字也是判卷的依据之一，答非所问或不按要求答题的，往往不能得分。特别是对计算机判卷，如果不按要求严格答题，可能会没有分数。这一点，必须引起高度重视。

第二，遇到生题时不要轻易放弃。遇到难题，不要轻易放弃，而应把与题有关的知识列出并尝试做一些推理、论证，能做多少就做多少，能做到哪一步就做到哪一步，哪怕只是推进半步，也可能会有得分的机会，因为有些试题是按步骤给分的。就是说，即使这道题你并不能全部做出，你只知道几个简单的部分，也要写上，那可能也是得分点。

第三，答题要抓住要点，不必赘述。有的同学答题时唯恐答不全，于是就把许多无关紧要甚至是错误的答案都"摊"到卷面上。其实有些题是按要点给分的，只要答案中反映出该题的要点，就会得到相应的分数，所以答题时要抓住中心问题，再拟出答题提纲，这样既能得高分又能有效地利用有限的时间。

第四，举棋不定时，坚持第一印象。考试中常会遇到一题有两个答案，而自己又不能肯定哪个是正确的情况，这时应选择先想到的那个。接触一道题后想到的第一个答案往往是我们因长期练习而产生的本能反应，选择它，正确的概率会相对大一些。

第五，书写要规范。我们必须按照标准格式答题，答案要层次清楚，条理分明，笔迹工整。整洁的答卷能给人赏心悦目的感觉。这样，在可扣可不扣分的时候，就会倾向于不扣分。反之，字迹潦草，卷面模糊，令人望而生厌，那么，在可扣可不扣分的时候，多半都会扣分的。

第六，注意利用联想。整张试卷内总会有些试题能够相互启发，解答一道题时，可能会联想到其他试题的解法或答案。

## 2. 常见题型答题方略

考试中，我们会碰到许多题型，这些题型，根据答案与判分的情况，可分为主观性试题和客观性试题。

主观性试题是指正确答案可用多种方式表述、判卷主要凭判卷人的主观经验和看法的试题，比如论述，分析、简答等。客观性试题是指正确答案唯一，不论谁判卷都只能给出同一个分数的试题，比如填空、判断、选择、改错、填图、释义、计算等。

常见题型有很多，各种不同的题型有不同的回答方法和技巧：

填空题。主要考知识的记忆。这种题的知识覆盖面较广，答题时，不要多填，也不要少填，填完后最好把整个句子默念一遍，看是否通顺、完整、准确。实在回忆不起来时，可根据自己的理解与经验来填空。

解释题。主要是解释专有名词、概念、词语、成语等，目的是考概念、词语的理解与记忆。

答题时，要求用词准确、完整、不缺漏，一般使用课本中的标准说法。实在回忆不起标准说法时，可根据自己的理解来作答。解释不用过多过细，一般一两句话即可。

判断题。即判断一句话是否正确，主要考对知识的理解是否准确、科学。答题时，根据平时所理解的知识来判断，还可联系其他知识来辅助判断，要细心看题，找出一些错误的关键词。

改错题。做法同判断题类似，但比判断题要求高。要找出错误的地方并改为正确的。

选择题。选择题是标准化考试中的主要题型，它主要考对知识理解的准确性，一般给出三四个比较相似、易混淆的选择答案。选择题有单项选择和多项选择。

单项选择只有一个正确的、最优的答案；多项选择一般有两个或更多的正确答案，备选答案只有正确与错误之分，没有最优与最差之别，所以只要是正确的都可以选择。

计算题。它是根据给定的条件和原理、公式，通过运算求解的一类题，出现在数、理、化等科目试卷中。

这类题，主要考分析问题的能力和对公式、定理的记忆情况。答题时，先要找出各种数字之间的关系，回忆应使用的原理和公式，再进行计算。计算时要细心，书写合乎规范格式，防止出现技术性错误。

问答题。要求对某个问题作出简要的回答。主要测验比较基本的知识，一般难度较小。回答时要针对问题，抓住要点，语言简洁，表述完整。

除了以上几种，还有作文题、翻译题、阅读短文回答问题、填图或绘图题、证明题等，也各有一些特殊的技巧。这里就不一一赘述了。

### 3. 合理利用考试时间

考场上能否合理统筹时间是影响考试成绩的重要因素之一，应引起考生的高度重视。

很多老师总告诉我们，试卷拿到手，一定要先总体浏览一遍，不要一开始就答题。实际上并非完全是这样。拿到试卷以后，究竟是从头到尾先看一遍再做题，还是立即从第一题开始往下答，还要看具体情况。

如果你的心理素质较好，把题从头到尾浏览一下，分清楚考题的难易程度，做到心中有数是很利于考场发挥的。但是如果你的心理素质稍差一点的话，浏览试题势必会发现比较难的题目，让我们更紧张，还不如从头到尾按部就班地做题。

另外，对于客观题比较多的考试科目来说，浏览考题也不是一个好的选择，因为这会浪费很多的时间。

如果考试的时间很有限，你无法在规定的时间内完成所有的题目，就要先做自己有把握的题目，这样可以增强自信心，面对难题的时候就能信心百倍，更容易发挥出自己的水平。

如果题目的难易程度类似，那么就要先答分数高的题目，这样才更有利于取得好成绩。

此外，一定要留出5～10分钟的时间进行检查。检查时，要特别注意检查关键点。实际上，一道题只有两三个关键点易失分。比如，数学中的移项变号、单位换算，英语中的动词时态填空，是平时易错的地方，在检查时应着重注意。还要检查语句是否通顺，符号、图形是否正确，有无错别字等。

尤其要考虑到是否有漏答；转页、转行是否能使阅卷人找得到。提前交卷不可取，应该争取考到最后一秒钟，发挥时间上最大的效益。

# 认清自己：你是真的爱学习吗

青少年朋友，作为学生，我们都希望自己能取得好成绩，然而在学习上，特别是在学习欲望上我们往往存在一些不够正确的认识，或存在一定程度的困扰。只有正确认识自己的学习动机，才能提升学习效率。

你想知道自己的学习动机如何吗？做一做下面的测试吧，它会告诉你接下来要怎么做的。注意，一定要选择你认为最符合自己实际情况的答案，难以决定时，就选择与你较接近的答案。

1. 你是否想在学习上成为班级第一名？

　　A. 不想　　　　B. 有时想　　　C. 经常想

2. 你考试获得好成绩时，是否想得到老师的表扬？

　　A. 经常想　　　B. 有时想　　　C. 不想

3. 你是否认为，学习上碰到不懂的地方，只要努力钻研，一定会弄明白的？

　　A. 不认为　　　B. 有时认为　　C. 经常认为

4. 你是否想在和同学的学习竞赛中获胜？

A. 经常想　　　B. 有时想　　　C. 不想

5. 你是否认为，只要用功学习成绩就会有所提高？

A. 不认为　　　B. 有时认为　　　C. 认为

6. 你是否认为，只要努力学习，即使不喜欢的功课，也会变得有兴趣？

A. 经常认为　　B. 有时认为　　C. 不认为。

7. 你在专心学习的时候，是否对周围发生的事不在意？

A. 不在意　　　B. 有时在意　　　C. 经常在意

8. 你是否认为，平时好好学习，考试时就会得到好成绩？

A. 经常认为　　B. 有时认为　　C. 不认为

9. 你是否认为，在测验和考试期间，可以不参加运动和游戏？

A. 不认为　　　B. 有时认为　　　C. 经常认为

10. 你是否认为，学习紧张的时候，可以和同学玩？

A. 经常认为　　B. 有时认为　　C. 不认为

11. 你是否在疲劳的时候，还想再查看一遍已经做的功课？

A. 不想　　　　B. 有时想　　　C. 经常想

12. 你是否想在平时就复习好功课，以便能随时回答老师的提问？

A. 经常想　　　B. 有时想　　　C. 不想

**计分标准：**

单序号题目，选A计1分，选B计2分，选C计3分；

双序号题目，选A得3分，选B得2分，选C得1分。1各题得分相加得测验总分。

**解析如下：**

12分～21分——较弱

你的学习动机较弱，这对你是很不利的，容易使你丧失上进心，无所事事。

22分～27分——中等

你的学习动机属于中等，中等强度的学习动机最有利于我们的学习，也最有利于我们的心理健康，注意保持哦！

28分～36分——学习动机较强

你的学习动机过强，这会使你处于紧张状态，产生过度焦虑，反而会降低学习效率。你需要好好调整一下了。

# 第四章

# 成长很快乐

我们在成长时会有许多的快乐。成长的快乐，是最纯粹的一种快乐，它是我们的生命在不断完善时的一种欣喜，更是发自内心的情感流露。

# 认清自我：我是一个"小大人"

青少年朋友，你们是否发现自己的身体在发生着不知不觉的变化呢？女孩儿们，你们是否发现自己已经有了月经来潮、有了乳房的发育？你们的脸上或许还冒出了青春的"标志"；男孩儿们，你们是否发现自己的声音变得粗犷了，脸上也冒出泛青的胡子茬呢？

我们的身体发生了变化，成熟已经在我们的身体里开始萌动。我们的心理和身体都像破土的幼苗一样迅速成长起来。我们从外表看起来已经有"大人"的模样了。

## 1. 自我评价的变化

与童年期相比较，我们的自我评价开始由"自我朦胧"向"自知之明"的水平过渡。其主要变化有三。

第一，从外在性向内在性过渡，就是我们现在的自我评价已不再以外部的行为表现为主，而是开始侧重于自己内在的世界，同时其评价内容也从具体向抽象发展。

第二，从情境性向稳定性过渡，就是我们的自我评价的内在性和抽象性程度得到提高，不再轻易地因一时一事而变化，具有了一定的稳定性。

第三，从依从性向独立性过渡，就是现在的我们已不再像童年时那样依从或看重父母和老师对自己的评价了，我们已能较独立地进行自我评价了。

## 2. 心理活动的变化

到了青少年期，由于生理发育的逐步成熟和生活范围的日益扩大，我们的心理也逐渐从幼稚向成熟过渡。与童年期相比较，其变化主要表现在以下几个方面。

第一，我们的认识从好奇性向探究性发展，就是对各种事物的好奇已经不再满足于大人的一般性回答，而是逐渐升华为对事物的深入探究，并伴有钻研性和冒险性的实际行动。

第二，这时候我们的行为由模仿性向创造性发展，就是已经不满足重复别人的动作而喜欢新鲜刺激，好标新立异，不愿墨守成规。

第三，我们的生活愿望由空想向理想发展，已经对自己长大了要做什么事、做什么人的志向不再是无根据的空想，而是开始接近或切合实际了。

第四，我们的交友由自发性向选择性发展。这个时候，我们交朋友开始注重从爱好、兴趣、理想上加以选择了。

大家是不是都有很多知心的朋友？你们之间的心是不是贴得很近，几乎是无话不说呢？大家对父母不能说的事，是不是都和知心朋友畅通无阻地交谈呢？

我们的这一心理矛盾及其行为特点，如果不能被父母或成年人理解并通过适当的方式加以处理，便很有可能造成对大家的误解和感情上的隔阂，进而会影响你的情感生活和社会适应能力。所以，大家应该相信自己的父母，要试着让大人们了解你的真实想法，做好沟通，你们之间就也能像知心朋友一样好了。

第五，我们的思维由具体形象向抽象逻辑发展，这个时候，我们的抽象逻辑思维便开始占有相对的优势，能够领会和掌握更多的抽象概念，能够理解一般事物的规律性及因果关系，并能够对比较复杂的问题作出恰当的判断和合乎逻辑的推理。

总之，我们的各个方面都在发生着剧烈的变化，无论是身体上还是心灵上，我们都是一个"小大人"了！

# 主宰情绪：做一只快乐的小鸟

我们每个人在青春期的心理发展历程中，都要不同程度地经历一段"成长的烦恼"和"自我觉醒"。

也就是说，当一个人步入青春期后，随着抽象逻辑思维、独立意识和自我意识的发展，往往不仅对周围事物开始形成自己批判性的见解，而且把自己当成被观察的对象，开始了自我审视和评价，希望自己有"自知之明"。但是，由于此时我们的认知发展水平和自我认识能力还不够完善，所以对很多事物和现象还不能进行全面正确的认识和评价，特别是不能正确对待"理想自我"和"现实自我"之间的差距。

于是，"自我觉醒"带给我们这些青春期少男少女的常常不是"成长的惊喜"，而往往是无尽的烦恼和苦闷，严重的还可能引发孤独、抑郁等消极情绪。因此，你可以从"认清缘由，消除紧张""以人为镜，多作交往""理解父母，接受指导"等方面，让自己正确对待这种成长的烦恼，帮助自己减少"自我觉醒"中的痛苦和挫折感，做一只快乐的小鸟。

做一只快乐的小鸟就要学会控制情绪。我们生活的这个世界是一个充满绮丽色彩的世界，这不仅因为太阳以其不同的光波把物质世界装饰得万紫千红，而且还因为我们每个人都以独特的喜、怒、哀、惧、爱、憎、忧使精神世界显得五彩缤纷。无论我们做什么、想什么、学什么，都伴随着情绪，都会染上情绪的色彩。例如，它可以使我们体验到欢乐、幸福，也可以使我们感受到痛苦、忧伤；它可以令我们奋发进取，也可以让我们畏缩不前；它可以使我们头脑清醒，也可以使我们冒失冲动；它可以让我们从容安详，也可以让我们紧张惶恐；它可以让我们为自己欢笑、为别人快乐，也可以让我们为自己哭泣、为别人哀伤。

学会控制情绪，就要让情绪稳定，愉快、乐观、开朗、满意等积极状态总是占优势，身心处于积极向上、充满希望的乐观状态；能适度地表达和控制自己的情绪，合理地宣泄不良的情绪。


# 独立飞翔：我的青春我做主


青少年时期是青少年的自我意识迅猛发展的时期。这个时期，我们在心理上产生的最突出的变化，就是出现了"成人感"，已经开始意识到"我已经不是小孩子了"。我们希望父母能像对待成年人一样地对待自己，而不希望父母还把自己当作小孩子，也不愿再受到小孩子般的特殊照顾。

因此，我们在心理发展上出现了摆脱父母照顾的"断乳"过程，即要成为独立的"大人"的过程。然而，这种"心理上的断乳"如同幼儿的断奶一样，并非是一件容易事，所以，在心理上时常交织着渴望与现实的矛盾。

一方面我们想独立自主，可自己又不具备独立自主的经济基础和物质条件；另一方面想摆脱对父母的依赖，可自己又不具备充分的生活自理能力；我们想让成人把自己当作大人看待，可自己的许多言行举止依然带有孩子气，以至于越是想摆脱父母，越是发现离不开父母的照料和帮助。

这种渴求独立和现实依赖的矛盾，使大家的心理上经常产生冲突、混乱和不安。为了消除这种矛盾冲突或求得心理上的平衡，我们常常以孩子气的行为方式对抗父母或成人，以显示自己不再是儿童。

例如，对父母的批评与责备，不管正确与否，通常都表现出越来越强烈的反抗情绪；故意与父母或老师"唱反调"，提出相反的主张或按相反的方式行事；我们不理会父母或老师的劝导，自作主张，大有"不撞南墙不回头"的气概。当然，这种反抗，更多地是以潜在的形式出现，如对父母在生活和教育上的安排，采取不关心、不表态、无所谓等态度。

当我们进入青春期后，内心世界变得更加丰富多彩，但心理活动的外在表露却开始失去了儿童的直爽、天真、单纯，不再像儿童那样经常向父母敞开自己心扉，而开始变得内向、闭锁起来。

虽然在生活上我们还依赖父母，但是我们倾吐知心话的对象已经不再是父母、老师，而是同伴或者朋友了。在我们的心里，朋友似乎比父母更知心呢！

因此，当我们进入青春期以后，就希望有自己单独住的房间，希望有自己单独用的写字台、书柜或箱子，并且不愿意父母随便挪动自己的东西，还把自己的抽屉、箱子加锁。用我们的话讲就是：

"我的青春我做主。"

我们应该为此感到高兴，因为自立意识是我们每个人进行自我成长的思想基础，缺乏自立意识就很难健康地成长。所以，我们要有意识地发展自己的自立意识。

自立意识的表现首先是有把握自己的愿望和要求，也就是自立精神；其次是有把握自己的能力和方式，就是独立生活的能力。有了这种精神和能力，必然会在学习、生活等各个方面自己把握好自己，管理好自己。

所以说，我的青春我做主并没有什么问题，只要我们能够在独立自主的过程中对家长和老师多一分理解和宽容，在他们的指导下，进行自我管理，就是我们成长的一大乐事。

# 成长计划：青春因目标而灿烂

青少年朋友，你们已经确立自己的人生目标了吗？大家不要认为自己还没有到确立人生目标的时候，我们已经进入了青少年时代，我们的人生已经开始了新的航程，需要尽早确立一个远大目标。

人们常说："灵魂如果没有确定的目标，它就会迷失自我。"成功学大师奥格·曼狄诺也说："一颗种子可以孕育出一大片森林。"

其实，杰出人士与平庸之辈的根本差别并不是天赋、机遇，而在于是否有目标。因为，成功是用目标的阶梯搭就的。在心灵的旅途中，如果你不清楚自己的方向，你的步伐就会很小，甚至是裹足不前。很多人每天过着千篇一律的生活，可从来不问自己："我这一生要干什么？"因为他们缺少目标，缺少方向。

一位名人说过，你必须首先确定自己想干什么，然后才能达到自己确定的目标。所以只有目标才会使你胸怀远大的抱负，才会使你在失败时赋予你再去尝试的勇气，也只有目标才会使理想中的你与现实中的你相统一。

一个人无论做什么事情，首先一定要先有自己的目标。而目标就是自己心灵的觉醒。只要你有足够的勇气和明确的目标，就可以成为一个有影响力的人。

## 1. 目标明确才能成功

成功者始终有一个明确的目标、清晰的方向，并且自信心十足，勇往直前地走向前方；而平庸者却是终日浑浑噩噩、优柔寡断，迈不开决定性的一步。让我们来看一个小故事，或许你能从中得到一些帮助，找到属于自己的人生目标。

美国总统罗斯福的夫人在年轻时从本宁顿学院毕业后，想在电信业找一份工作，她的父亲就介绍她去拜访当时美国无线电公司的董事长萨尔洛夫将军。

萨尔洛夫将军非常热情地接待了她，随后问道："你想在这里干哪份工作呢？"

"随便。"她答道。

"我们这里没有叫'随便'的工作"，将军非常严肃地说道，"成功的道路是由目标铺成的！"

这个故事告诉我们：一个人只要有了明确的奋斗目标，也就产生了前进的动力，因而目标不仅是奋斗的方向，更是一种对自己的鞭策。有了目标，就有了热情，有了积极性，有了使命感和成就感。其实，没有奋斗的方向，就生活得无精打采；准确地把握好自己的喜好和追求，才是走向成功的第一步！

显然，成功者总是那些有目标的人，鲜花和荣誉从来不会降临到那些没有目标的人头上。许多人怀着羡慕、嫉妒的心情看待那些取得成功的人，总认为他们取得成功的原因是有外力相助，于是感叹自己运气不好。殊不知，成功者取得成功的主要原因，就是由于确立了明确的目标。

有明确目标的人，会感到自己心里很踏实，生活得很充实，注意力也会集中起来，不再被许多繁杂的事所干扰，干什么事都显得成竹在胸。

相反，那些没有明确目标的人，总是感到心里空虚，思维乱成一团麻，分不清主次轻重。遇事犹豫不决，不知道自己该做什么，不该做什么。就像一艘轮船在大海中失去了方向，在海上打转，直到把燃料用完，仍然到达不了岸边。事实上，它所用掉的燃料，已足以使它来往于大海两岸好几次。

同样的道理，一个人如果没有明确的目标以及达到这些目标的明确计划，不管他如何努力工作，都像是一艘失去方向的轮船。如果一个人并未在心中确定他所希望的明确目标，那么，他又怎能知道他已经获得了成功呢？

当然，需要注意的是，奋斗目标不应该好高骛远。目标要明确、具体，不能太笼统。目标还要适度，使自己能够承受。此外，所设目标要有一定的难度，有一定的挑战性，有相当的竞争性，同时也不能"可望而不可即"。不然，只会给人徒留笑柄。

我们作为21世纪的青少年，只有设立了目标，内心的力量才会找到方向。茫无目标的飘荡终归会迷路，而你心中那座无价的金矿，也因不开采而与平凡的尘土无异。

### 2. 实现目标需要付出汗水

成功，是每一个人的梦想，人人都希望成为一个成功的人，追求成功是个人进步和社会完美的最伟大的驱动力。可是，什么是成功呢？成功就是人生的每一个梦想目标的实现，成功源于实现人生梦想和目标。

每个中学生都希望自己那缤纷的梦想得以实现，每个中学生都渴望自己的成绩一直不断地上升，每个中学生都希望做自己想做的事情。可是，事情不是希望就可以实现的，成功需要付出，实现目标需要付出努力。

### 3. 养成树立远大目标的习惯

俗话说："无志者常立志，有志者立志长。"作为一个有志的青少年，应当早一点确定自己的人生目标，且不要轻易变来变去。

一个人确立的目标越高，达到的境界就越高。哈佛毕业生成功率追踪研究结论之一就是：有无远大目标，结果很不一样。因此，我们任何一个人、一个组织或者一个国家，都应当有远大目标。

> 查理·斯瓦布是一个从小生活在宾夕法尼亚的山村里的孩子，那里的环境非常贫苦，而他也只受过短短几年教育。从15岁起，他就孤身一人在宾夕法尼亚的一个山村里赶马车谋求生路。
>
> 过了两个春夏，斯瓦布在卡内基钢铁公司谋得了另外

一份工作，虽然每周只有3美元的报酬，可是，在工作期间他每次都把工作做得最好。皇天不负有心人，很快他就成了卡内基钢铁公司的一名正式员工，日薪1美元。又过了没多久，斯瓦布就升为了技师；慢慢地，他升任总工程师；5个春夏秋冬过去了，他也成功地兼任卡内基钢铁公司的总经理。

斯瓦布这一步步走来的历程，证明了他有能力来承担任务，同时，这也与他的习惯有关。当斯瓦布还是钢铁公司一名微不足道的工人时，就暗暗下定决心："总有一天我要做到管理层，我一定要做出成绩来给老板看，让他主动来提升我。我不去计较薪水，我要做到最好，使我的工作价值远远超过我的薪水。"

因此，斯瓦布在公司的地位每每提高一步时，总是以公司中最优秀的人作为下一个目标。他没有在受规则约束的时候向身边的人抱怨，他也没有每天做着白日梦等待着奇迹的出现。斯瓦布深知一个人只要有远大的目标与志向，并肯努力为之奋斗，尽力让自己做到最好，就一定可以实现自己的梦想。


立了大志，人生就发生了变化，最大的变化是人源源不断释放出精神动力，精神动力就像潜藏在人心中的宝藏。远大的志向是挖掘宝藏的金钥匙，能够释放出精神动力的人才能成就一番伟业。

查理·斯瓦布就靠着这样一个简单的想法，就凭这样一个小小的习惯，短短的5年之内造就了他的辉煌人生。

对于处在成长阶段的青少年朋友来说，这个时期是树立人生方向的大好时期，世界上很多伟人的志向都是在小时候就确立的。有了远大的目标，你就会慢慢养成一种为这个目标奋斗的习惯，养成一种为目标奋斗的习惯之后，你就会一步步地实现这个目标，最后达到成功。

# 挑战自己：人生需要冒险精神

人类的生命运动从本质上说就是一次探险，不是主动地迎接风险的挑战，便是被动地等待风险的降临。很多时候，成功都是与风险同时存在的。

如果你不敢冒风险，就会错过很多人生重大转折机遇，更不会有出人头地的机会。

不要让恐惧阻挡你前进的步伐，那些希望一生都不会有风险出现的人只能让自己的人生平淡无奇，毫无建树。

21世纪，我们青少年是主人，要让我国在风云变化中屹立不倒，更加繁荣富强，我们应该怎样做呢？答案是要做一个有志向的人，更要敢于冒险。

## 1. 拥有冒险的勇气

敢于冒险的人，往往都能有一番大作为。纵观古今中外，很多名人志士都是敢于冒险的人。

百度公司董事长兼首席执行官李彦宏，1991年，刚从北大毕业的他留学签证被拒，按照当时的规定，如果毕业后户口迁回老家，护照将会失效。他冒险到学校户籍处拿出自己的户口揣到兜里，毅然成为"北漂"的一员，直至等来二次签证。

在美留学期间，尽管通过了博士资格考试，李彦宏还是决定放弃学位进入工业界，原因是"我更希望我做的东西能够被很多很多人使用，而不喜欢去研究一个别人已经研究了10年的命题"。

在百度的发展问题上，李彦宏在董事会上力排众议，毅然决定做独立的搜索门户网站，并引入搜索竞价排名，结果他成功了。如果李彦宏不敢冒险，毕业后回乡工作或是攻读博士，这个世界上或许也会出现一个优秀的工程师或青年学者，但是肯定不会有今天的百度。

冒险意味着风险，同时也意味着机会。如你总是希望成功又怕风险，那么对不起，成功将会从你身边一次次地溜走。

试想一下，如果只敢做人人都有把握做的事情，要想取得高人一筹的成就无疑只能是雾里看花，水中望月。一个四平八稳，凡事都不出格，对可能存在的风险避之不及的人又怎么能够成功呢？

其实，每个人都有一定的安全区，你想跨越自己目前的成就，就不要画地为牢。勇于挑战充实自我，你一定会发展得比想象中的更好，我们需要做的就是接受生活的本来面貌。生命就是一场大冒险，即使失败也是财富，这样的财富谁积累得多，谁的人生也就能走得更远。

## 2. 冒险是成功的前提

人的天性中本来就有喜爱安逸、享受舒适的惰性，又很容易受到环境的影响。许多青少年满怀壮志、朝气蓬勃，最后却一事无成，大部分原因就是因为在安逸的生活、学习环境中待久了，渐渐地失去了斗志，人的思维能力和应变能力也渐渐地迟钝了，失去了敏锐性，缺少为梦想拼搏的勇气。

冒险精神是唯一可以拯救那些没有特殊爱好、没有特长而又安于现状之人的良药，冒险也是拯救那些有抱负但不敢行动的人的唯一良药。

从婴儿迈出第一步到人类在月球上留下足迹，无一不是冒险。如果干这个怕违背祖训，干那个又怕没有先例，那还有什么改革创新可言？哥白尼的天体运动论、卢瑟福的原子结构模型、新大陆的发现和开垦、人类的一系列发明和创造、社会变革皆始于冒险。

当然，不冒风险固然可能躲开风险，但明显的险情往往连同机遇一块消失了，而暗藏的风险依然存在，像暗礁一样阻碍你的前进。所以，不经过无数次的冒险，人类不可能从暴虎冯河、茹毛饮血，进化到今日能悠闲地坐在摩天大楼中品尝咖啡的地步。

勇于冒险求胜，你就能比你的想象做得更多更好。不过，敢于冒险不等于蛮干，而是建立在正确的思考与对事物的理性分析上。冒险并非像赌徒下注那样盲目，靠的只是运气，它是建立在一定理智基础上的。

因为冒险是需要一定资本做支持和后盾的，它需要事先经过周密细致的思考，即基于理智的判断，在该出手时才出手。只有认识到冒险的必要而决心去冒险时，才会果断。

当然，随着实力的不断增强，你会发现，需要你去冒险的事情会越来越少。这时，成功已经离你很近了。那些过分小心谨慎，不愿冒风险的人，通常只能选择别人剩下来的东西，过分谨慎与不够谨慎同样不足取，要防止这两个极端。

做任何事情都不会一路顺风，随时都可能出现意外情况，出现曲折，以至失败。但是成功又是每个人所向往的，因此，冒险则是难免的。不可否认，做任何事情都要一步一步地进行，脚踏实地地去做，不过，这并不是说你不可以有一点改变目标境遇的想法。

当一个人不再具有年轻人的冲劲时，事实上他已经老了，或者说他至少是心已经老了。

古人都知道"人往高处走"，那么，作为新世纪的年轻人，你又怎可以没有一点进取心呢？没有比人更高的山，没有比脚更远的路，只要灵魂不屈，你一定会走出一条康庄大道。

# "猪坚强"者：我的名字叫"坚强"

看到这个题目，你是不是觉得伤自尊了，那你就错了，"猪坚强"不是贬义词而是生命顽强坚韧的象征。

2008汶川大地震中，有一头300斤的猪，被活埋地下20多天，体重减了200斤，只剩100斤，仍然奇迹般地活了下来，人们给它起名叫"猪坚强"。

"猪坚强"在看不见阳光，喝不到水，吃不到东西的残酷环境下，存活了20多天，不仅是动物界的奇迹，也对人类有所启发。"猪坚强"精神不仅能说明过去，说明现在，也会说明将来。凡是以顽强毅力坚持下来的，胜利应该属于"猪坚强"者。

在我们的学习生活中也一样，任何事都离不开坚持。俗话说"不为失败找理由，要为成功找出路"，每个人都渴望成功，害怕失败，害怕挫折。然而失败并不可怕，可怕的是失败后没有勇气去面对，不是说失败是成功之母吗？

成功的道路上有着许多的挫折、困难，只要勇敢地战胜它们，成功就在不远处，坚持到底终究会成功。"行百里者半九十"，成功的路上必定不会一帆风顺，获得成功，往往就在于那一点坚持。

### 1. 成功贵在坚持

只要你认为自己做的是对的，执着地追求下去，成功便会在一切不可能中实现，成功不仅要求我们敢想、敢做，最重要的是一定要坚持下去，坚持自己的信念直到成功为止。

当我们一次次考试都不理想时，不要灰心。人的一生中不如意之事十之八九，如意之事只不过一二而已，面对暂时的不如意我们需要做的就是坚持，每天学习一点点，日积月累，坚持到最后我们就能成功。

所以，无论现在的学习有多么糟糕，心情有多么急躁，请一定要坚持，再坚持！不要轻易放弃，相信自己也可以像别人一样！坚持到底，就能守得云开见月明！十年磨一剑，走得最远的人，不是最聪明的人，而是最执着的人。努力不一定成功，但放弃一定会失败！无限风光在险峰，坚持就是胜利！

没有一个人的成功之路是一帆风顺的，主要是贵在坚持。看谁能坚持到最后，谁就能获得最后的成功。


克鲁斯出身贫寒，其父亲是一名电气工程师，但常常找不到工作。迫于生计，父亲拖着妻儿搬了十几次家。不断变化的环境使克鲁斯的体格如运动员一般健壮，但他的学业却非常糟糕：这不仅是因为他患有诵读困难症，而且不断的转学也使他很难掌握什么学习方法。

克鲁斯12岁时，父母离了婚，他与母亲和三个姐妹的生活才算安定下来，克鲁斯成了家中唯一的"男子汉"。

上中学时，克鲁斯突然发觉自己爱上了电影，醉心于银幕上演员们投入的表演。他对母亲和继父说："你们看着吧，我要在10年内成为一名出色的演员！"在家人看来，这只是戏言，没人指望他能成为明星。

克鲁斯的确不顺。读高中时，开始尝试一些戏剧，后来还辍学去了纽约。在纽约，他每天以面包充饥，寻找每一个试镜的机会。但导演们认为他皮肤太黑，不够英俊，表演时"热情过了头"。

1981年，克鲁斯来到洛杉矶，获得一部情景剧中一个一闪即过的小角色，而且还是没有一分钱片酬的角色。1983年，他出演了4部电影，但由于种种原因，几乎都没有给观众留下什么印象。

经历了一连串的挫折，克鲁斯并没有放弃，而是一直坚持着，并不断反思自身的不足，一步步克服和改进。1986年，他在一部描写美国海军战斗机飞行员的影片《壮志凌云》中，初获成功，成为一大批美国年轻人心中的偶像。

此后，克鲁斯又相继主演了几部著名影片，成功完成了由"青春偶像"向成熟影星的转型。几年间，他数度问鼎奥斯卡金像奖、美国电影金球奖。

克鲁斯的经纪人说："克鲁斯从许多的迷雾和荆棘中发出光来。他不断绕开上帝设置的障碍，并改变自己。"

其实，克鲁斯的成功不只是因为他的外表和迷人的微笑，更重要的是他的坚定意志。

可见，成功是一种坚持，当我们的毅力超越了惰性时，我们才能种出自己的黑色金盏花，我们不能在上课时昏昏欲睡，再坚持一下就好了，面对任何事情，如果没有坚持到底的决心，尽管只差一点儿，最终还是不会成功，甚至，此前所做的努力也会白费！

## 2. 马拉松的终点

众所周知，在无边无际的沙漠中，只有坚持到最后的人，才能找到绿洲，见到水源，获得最后的生机。无数事实都证明，要想成功，就必须有忍耐精神。忍耐困难、忍耐折磨、忍耐压力、忍耐打击、忍耐讥笑、忍耐一切应该忍耐的痛苦。

只有这样，坚持到底，往前走，不后退半步，相信别人能做到的，我们也一定可以做到，别人做不到的事情，我们也可以做得到。拿破仑曾经说过："胜利属于最坚忍之人。"

作为当代青少年，责任就是把学习搞好，学习上遇到困难时，多向学习好的同学请教，或者直接问老师，一点点地积累，付出总会有回报，最后会有很好的成绩。

马拉松赛是体育比赛中最长距离的赛跑项目，其实成功之路就像马拉松赛跑一样。在刚入学时，大家都站在同一条起跑线上，大家的水平不相上下，距离相差不远。随着时间的推移，从幼儿园到小学，再到中学，距离就逐渐拉开了。

强者靠毅力、耐力、能力领先，跑在队伍的最前面，把那些怕吃苦、怕流汗、不愿追求的人远远地甩在了后面。

这些掉队的人并不比那些跑在前面的人差多少，只是他们经常偷懒，走走停停，停停走走，他们只会抱怨路途不平坦，路途太遥远，而冲在前面的人却有执着的追求，追求那光明的前途，追求人生伟大的目标，追求成功时那耀眼的光芒，他们总是踏平艰险，奋力向前。

于是，强者更强，弱者更弱。强者在登上一个又一个高峰，超越一个又一个自我时，在感受路途坎坷漫长的同时，也感受了人生成功的无限乐趣。

在所有的体育项目当中，马拉松项目是最令人乏味的，而又是最耐人寻味以及最能考验人的耐力的一个项目。在所有比赛项目当中，马拉松比赛通常都是最后一项赛事，因为它最能体现完美的体育精神。如果想在漫漫的求学路上取得成功，只能靠坚持到底的恒心去努力、去拼搏。

没有人不渴望成功，成功是美好的，但坚持却是痛苦的。每个人都在追求成功，但成功需要付出艰辛的劳动，甚至千百次艰难的探索，成功不会轻易获得。

因为，成功本身就是一个不断追求、锲而不舍的过程。成功与失败，并不是天平的两端，而仅仅只是一步之遥，然而有的人就是不肯踏出这一步，望而却步，停滞不前，结果他永远都无法成功。

其实，成功并不像想象的那样艰难，只需要再坚持那么一下就行了。所以青少年朋友，当困难绊住成功的脚步、当失败挫伤雄心壮志、当你被负担压得喘不过气来时，千万不要退缩，不要放弃，一定要坚持下去，因为只有坚持不懈，才能最终走向成功！你坚持到底了，成功就触手可及了！

# 直面挫折：失败是成功之母

人们常说："失败是成功之母。"每一次成功的背后，都有无数次失败的支撑。在这个世界上，每个人都喜欢成功，不想失败。可是生为世人，需要为自己的追求而奔波四海，在这个过程中，多多少少地总会遇到一些棘手的问题致使你失败，也许你会因此而丧失信心，因此而一蹶不振。

青少年朋友，你此时的心灵、情感、梦想正在开始萌发，生活中的烦恼和迷茫就像是一夜之间从天而降。这时的你可能正被极度的自卑、沉重的压力、青涩的情感等困扰着，也许正想着如何逃避。

其实，面对这些，最重要的是调整好自己的心态，勇敢地去面对，方能闯出属于自己的一片新天。

古人云："不经一番寒彻骨，怎得梅花扑鼻香。"失败是每个人都会遇到的，关键是你要怎样正确地看待失败，从失败中吸取经验和教训、把失败当作成功的阶梯，在这样的勇敢者面前就永远不会有失败。

反之，被失败压垮或在失败中消沉，失败将紧随于你，使你的人生一事无成。所以，面对失败，不要害怕，一切都可以重新开始，希望就在前方。保持一种乐观的心态看待失败，只有这样你才能永远立于不败之地。

人活世间，我们所走的历程，大部分是由层层叠叠的挫折、失败所堆积起来的。其实，失败都是常事，很多人都是在起落不定、得失无常中，感受着皆大欢喜、痛心疾首。

或许我们很迷惘，或许我们很堕落，但在迷惘和堕落后，必须要恢复理智，好好面对现实、应变生活。


林肯是美国第16任总统，他出生时家境贫寒，终其一生都在面对挫败：8次选举8次都落选，两次经商两次失败，甚至还精神崩溃过。

好多次，他本可以放弃，但他并没有如此，也正因为他没有放弃，才成为美国史上最伟大的总统之一。以下是林肯进驻白宫前的历程简述：

1816年，刚刚7岁的林肯和他的家人被赶出了居住的地方。1818年，林肯9岁的时候，母亲去世。1831年，经商失败。1832年，竞选州议员，但落选了；想就读法学院，但进不去，还丢了工作。1833年，他向朋友借钱经商，但年底就破产了，接下来他花了17年，才把债还清。1834年，林肯再次竞选州议员，这一次他赢了！

1835年，订婚后就快结婚了，但爱人却死了，因此他的心也碎了！接下来的一年，林肯精神几乎完全崩溃，卧病在床6个月。1838年，林肯想争取成为州议员的发言人，但没有成功。

1840年，林肯再次争取成为选举人，仍然失败了。1843年，参加国会大选，他又落选了。1846年，再次参加国会大选，这次他当选了。前往华盛顿特区，表现可圈可点。

1848年，他寻求国会议员连任，可惜失败了。1849年，想在自己的州内担任土地局长的工作，被拒绝了！1854年，林肯竞选美国参议员，结果落选了。1856年，在共和党的全国代表大会上争取副总统的提名得票不到100张，又失败了。1858年，林肯再度竞选美国参议员，又再度落败。

1860年，当选美国第16任总统。

"屡败屡战，越挫越勇"，用这8个字用来形容林肯真是一点也不为过，他的一生是在接踵不断的磨难中度过的。但他都挺了过来，最后他获得成功。还有一个年轻人的故事是这样的：

有个年轻人去微软公司应聘，而该公司并没有刊登过招聘广告。见总经理疑惑不解，年轻人用不太娴熟的英语解释说自己是碰巧路过这里，就贸然进来了。

总经理感觉很新鲜，破例让他一试。面试的结果出人意料，年轻人表现得很糟糕。他对总经理的解释是事先没有准备，总经理以为他不过是找个托词下台阶，就随口应道："等你准备好了再来试吧。"

一个星期后，这个执着的年轻人再次走进微软公司的大门，可惜这次他依然没有成功。但比起第一次，他的表现要好得多。而总经理给他的回答仍然同上次一样："等你准备好了再来试。"

就这样，这个年轻人先后5次踏进微软公司的大门，最终被微软公司录用，后来他努力工作，成为公司的佼佼者。

由此可见，没有输过的人，不算赢家。事实告诉我们：失败是人走向成功不能缺少的经历，失败是人必须学习的一件事，不要用"不可能""不行"来否定自己，更不要害怕失败。挫折是暂时的，鼓起勇气，去战胜新的困难，去迎接新的明天。

只有仔细回味把握人生挫折，才能真正领会人生的乐趣；只有敢于挑战艰难挫折，才能真正地改变自己的命运；有成功与失败，有输有赢，才是完整的人生。也只有在战胜了人生挫折以后，才能使自己变得更加强大，真正走向成功。

而那种自甘堕落的态度只是对失败的一种逃避。身处挫败之中就必须以最大的勇气去做拼搏。

人生的困难和挫折对每个人来说，都是难得的考验。越是抱有宏大理想的人，越会遇到更大的困难和失败。

困难和挫折是自己的一面镜子，只有照到你，你才会看清自己、认识自己，并从而得到进一步的成长。正如一位哲人所说：失败是人生中的引路灯，是指明成功方向的大坐标。

人的一生不可能是风平浪静的，总会或多或少地遇到一些阻止自己前进的障碍物。至于是搬开石头继续向前走，还是绊倒在一块石头上不起来，完全在于自己的态度。

同样是一次失败，有些人开怀大笑，认为那是自己最成功的事情，因为他很清楚，同一种错误他不会再犯第二次，所以他们总以"失败是成功之母"为座右铭；另一部分人，面对失败便心灰意冷，不断地回想着自己的失误，生活在回忆的阴影之中。

不经历风雨怎能见彩虹！失败是迈向成功的垫脚石。人在一个生命周期的轨迹里，必定要亲身经历多次失败，必定要经常品饮失败的苦酒，必定要时常抚摸失败创伤的心灵伤痕。一个人的一生，没有经历过失败的一生，是不完整的一生，是不成熟的一生。

真正成功的人是那些面对人生的挑战，不断在逆境中寻找生存机会的人。作为一个有志向、有理智的青少年，应该学会客观地去看待成功与失败。

"成功"和"失败"是可以互相转化的，只有经历过"失败"才能体会"成功"是何等的珍贵，也只有在"成功"后才会知道"失败"的意义。

"成功"的背后是用"失败"砌成的台阶，如果没有这一层一层的台阶，可能只会永远站在原地，无法迈出任何一步。所以，青少年朋友，我们应该正确地看待失败，要允许自己失败，不要把失败看成是一种不可挽回的错误。"塞翁失马，焉知非福。"

也许一次失败，会成为重大转折，反而给予你人生辉煌的动力。此时此地的失败不代表彼时彼地的失败，今天的失败不代表明天的失败。用这种泰然处之的心态对待失败，就会不停止地奋斗和努力，最终获得成功。

# 探索内心：你是乐观的人吗

青少年朋友，你发现成长带给自己的快乐了吗？你是积极的乐观主义者吗？好好做一下这个测试，或许你能发现另一个自己是什么样子的。

请根据自己的实际情况回答"是"或"否"，并将答案写在每题题号的前面。

1. 如果半夜里听到有人敲门，你会认为那是坏消息吗？

2. 你随身带着安全别针或一条绳子，以防万一衣服或别的东西裂开了吗？

3. 你跟人打过赌吗？

4. 你曾梦想过中了彩票或继承一大笔遗产吗？

5. 出门的时候，你经常带着一把伞吗？

6. 你把收入的大部分用来买保险吗？

7. 度假时，你曾经没预订旅馆就出门了吗？

8. 你觉得大部分的人都很诚实吗？

9. 度假时，把家门钥匙托朋友或邻居保管，你会将贵重物品事先锁起来吗？

10. 对于新的计划，你总是非常热衷吗？

11. 当朋友表示一定奉还时，你会答应借钱给他吗？

12. 大家计划去野餐或烤肉时，如果下雨，你仍会照原定计划准备吗？

13. 在一般情况下，你信任别人吗？

14. 如果有重要的约会，你会提早出门，以防塞车、抛锚或别的状况发生吗？

15. 如果医生叫你做身体检查，你会怀疑自己有病吗？

16. 每天早晨起床时，你会期待又是美好一天的开始吗？

17. 收到意外的来函或包裹时，你会特别开心吗？

18. 你会随心所欲地花钱，等花完以后再发愁吗？

19. 上飞机前，你会买旅行保险吗？

20. 你对未来的12个月充满希望吗?

**计分标准**

选择"是"计1分,"否"计0分。

　0分~7分——悲观主义者

　　你是一个标准的悲观主义者,看人生总是看到不好的那一面。身为悲观者,唯一的好处是,你从来不往好处想,所以你也就很少失望过。然而,以悲观的态度面对人生,却有太多的不利。你随时会担心失败,因此宁愿不去尝试新的事物,尤其当遇到困难时,你的悲观会让你觉得人生更灰暗、更无法接受。悲观会使人产生沮丧、困惑、恐惧、气愤和挫折的心理。解决这种状况的唯一办法,就是以积极的态度来面对每一件事或每一个人,即使你偶尔仍会感到失望,但逐渐地,你会对人生增加信心,胜过原来消极态度带给你的影响。

　　8分~14分——一般

　　你对人生的态度比较正常。不过,你仍然可以再进一步,只要你学会怎样以积极和乐观的态度来应付人生中无法避免的起伏情况。

　　15分~20分——乐观主义者

　　你是一个标准的乐观主义者。你看人生总是看到好的那一面,将失望和困难摆到旁边去。乐观,使人活得更有劲,不过,要记住,有时候过分乐观,也会造成你对事情掉以轻心,结果反而误事。

# 第五章

# 青春不烦恼

　　我们青少年，在进入青春期后，许多问题接踵而来，使我们难以在短时间内适应。这时，我们应以积极乐观的心态，把青春的烦恼作为一种快乐的体验，才能让自己的青春不烦恼！

# 顾影自怜：外面世界很精彩

青少年朋友，我们正处在生理、心理急剧变化的时期，自尊心随着身心的逐渐成熟而增强，开始了与社会的交往，希望得到别人的尊重和认可。但"金无足赤，人无完人"，在成长过程中，总会存在这样或那样的不足，因此缺乏自信，对任何事物都有下意识的敏感反应。所以，想与人交流又不愿意敞开心扉，害怕同伴的疏远，心里异常敏感。

于是，我们变得很孤独，害怕交往，只能顾影自怜或者怨天尤人。让自己处于自我封闭的状态，常处理不好与他人之间的关系，失去自我，失去了对生活的信心。这种不良的情绪很容易让自己陷入"顾影自怜"的怪圈中不能自拔。解决这种问题，以下两点可供参考。

## 1. 乐观是解药

孤独是不可取的。人生始终有两种选择，换个角度看问题，乐观地对待生活中的一切，你就会走出"顾影自怜"的怪圈。

任何时候，怀有好心情才能欣赏到美好奇妙的风景，消极的心态只会让快乐和幸福暗淡。拥有积极健康的心态，我们就能正确地看待人生的成败、得失，从容淡定地去应对各种竞争的压力，善待自己也善待他人。

好心态是改变命运的人生利器，好心态是迈向成功的坚实根基，好心态是收获幸福的心灵法宝，好心态是滋润生命的灵丹妙药。有了好的心态，表现出来的就是好的情绪。

## 2. 让自己"热"起来

行走在热闹繁华的街头，寂寞是顾影自怜的凄然；相聚于人声鼎沸的场合，寂寞是独自向隅的默然；独处于无人相伴的空间，寂寞是无所归依的茫然。

因此，有孤独心理的人，常常觉得自己是茫茫大海上的一叶孤舟。他们封闭了自己的内心，不愿投入火热的生活中，却又抱怨别人不理解他们，不接纳他们。他们感到好像与世隔绝了，除了孤单寂寞还是孤单寂寞。

要想摆脱孤独心理，就要开放自我，真诚、坦率地把自己交给他人。去试着主动亲近别人、关心别人，扩大社交面，融洽人际关系，你会有意想不到的收获。

在纽约北郊有一位名叫艾米丽的姑娘，她自怨自艾，认定自己的理想永远实现不了。她的理想和每一位妙龄姑娘的理想类似：跟意中人，也就是一位潇洒的白马王子结婚，白头偕老。艾米丽整天梦想着，可周围的姑娘们都先后成家了，她仍未找到意中人，她认为自己的梦想永远不可能实现了。

在一个雨天的下午，艾米丽在家人的劝说下去找一位著名的心理学家。她那冰凉的手指、凄怨的眼神、如同坟墓中飘出的声音、苍白憔悴的面孔，都在向心理学家求助："我是无望的了，你会有什么办法呢？"

心理学家沉思良久，然后说道："艾米丽，我想请你帮我一个忙，我真的很需要你的帮忙，可以吗？"

艾米丽将信将疑地点了点头。

"是这样的。我家要在星期二开个晚会，但我妻子一个人忙不过来，想请你来帮我招呼客人。明天一早，你先去买一套新衣服，不过你不要自己挑，你只问店员，按她的主意买。然后去做个发型，同样按理发师的意见办。"

接着，心理学家说："到我家来的客人很多，但互相认识的人不多，你要帮我主动去招呼客人，说是代表我欢迎他们；要注意帮助他们，特别是那些显得孤单的人。我需要你帮助我照料每一个客人，明白了吗？"

艾米丽一脸不安。心理学家又鼓励她说："没关系，其实很简单。比如说，看谁没咖啡就端一杯。要是太闷热了，就开开窗户什么的。"艾米丽终于同意一试。

星期二这天，艾米丽发型得体、衣着光鲜、光彩照人地来参加晚会。按着心理学家的要求，她尽职尽力，只想着帮助别人。她眼神活泼，笑容可掬，完全忘掉了自己的心事，成了晚会上最受欢迎的人。晚会结束后，有三个青年都提出要送她回家。

一个星期又一个星期，三个青年热烈地追求着艾米丽，她最终答应了其中一位的求婚。心理学家作为被邀请的贵宾，参加了他们的婚礼。望着幸福的新娘，人们说心理学家创造了一个奇迹。

一个人总想着自己，顾影自怜，孤芳自赏，结果就是你走不进别人心里，别人也走不进你的世界。只要尝试一下忘掉自己而去帮助别人，一切都会改变。

青少年要尽量缩小与同龄伙伴之间的距离，既不自傲清高，也不自卑多虑，从文化教养到兴趣爱好，与身边的人相互沟通、相互学习。培养广泛的兴趣和爱好，把思想感情从孤独的小圈子里脱离出来，投入广泛高尚的活动中去，尽快地融入群体，随着时间的积累，你就会远离孤独了。

　　青少年朋友，你们知道吗？孤独只能让你的人气指数不断下滑。不要担心，稍微忍耐和等待一段时间，试着照上面说的去做，随着我们不断成长，就能渐渐摆脱掉这种孤独的感觉了。

# 情窦初开：早恋真的伤不起

　　德国作家歌德曾经说过："青年男子哪个不善钟情？妙龄少女哪个不善怀春？"青少年朋友爱慕异性，是极为正常的心理现象，每个精神发育正常的青少年都会有这种感情的自然流露。

　　进入青春期后的少男少女彼此向往、相互爱慕，是我们青少年性心理发展的一个重要表现，也是青少年朋友日后恋爱成功与婚姻美满的性心理基础。

　　一般来说，与异性的正常交往，是心理健康发展的需要，对于激发美好生活的追求，鼓舞奋进的理想，具有不可替代的作用。但两性对异性追求的情感特点却有所不同，男生对爱情往往表现得外露、热烈，显得热情奔放，但较为粗犷。女生对异性的爱慕情感往往含蓄、深沉，表现为娇媚、自尊，而略显羞涩、被动。

　　青少年朋友，你们或许已经产生了对异性朦胧的向往，或许你们已经梦想着和心仪的异性交往，或者你们也会对"他"或者"她"有心动的感觉。不过，虽然你们觉得自己已经长大了，但是，此时的你们还承担不起恋爱带来的责任和压力。

因为我们目前的任务是以学习各种知识为主，早恋必定会影响我们的学习和生活，如果你真的把很多精力都投入谈情说爱当中去，很快你会发现，早恋真的伤不起！如果过早涉及感情问题，因失去理智而做出不该做的事，就会给自己及他人的身心造成难以愈合的创伤。

### 1. 认清早恋的危害性

第一，早恋分散精力，影响学业。早恋荒废了我们很多优秀学生的学业，毁了很多人的前程。早恋的青少年中有不少是成绩优秀、出类拔萃者，但因为早恋，使他们过分好奇、兴奋、痴迷，过分沉醉于爱的幻想中，再也无法全身心地投入学习中了。

其实，学习犹如逆水行舟，不进则退。一个学生每天同时学几门功课，即使很用功的学生也没有把握一定能取得优异的成绩。倘若我们把时间都用在谈情说爱，彼此情意绵绵，心猿意马，又怎么能将功课学好？

中学生学的课程大多是基础课，学的是为将来走向社会做好铺垫的知识。如果在这个阶段不把基础打好，将来凭什么就业，靠什么成才发展，靠什么立足于社会、为国家作贡献呢？

第二，早恋时感情冲动，容易种下苦果。通常，恋爱和性爱是有着不解之缘的。少男少女坠入爱河以后，成天单独在一起，每天或成双成对外出郊游，或自由自在地进出影视厅，特别是爱的镜头会成为他们关注和模仿的焦点，尤其是影视中男女亲吻、搂抱等动作，会激发少男少女们的感情冲动。强烈的性冲动往往使他们失去理智，不考虑后果而发生性行为。

一旦生理和心理防线被冲破，婚前性行为便由此开始。在价值观、道德规范和生活经验尚未能有效地对本能欲求施加控制的情况下，早期的性行为会使青少年沉湎于性快感之中，而无视由此产生的心理和生理的不良后果。

由于性知识的缺乏，由此而产生怀孕的生理后果。这样的后果常常使得早恋中那种浪漫的气息一扫而光，代之以性行为后双方的惊恐不安和无所适从。

由于少女的身心均未发育成熟，婚前性行为必然要种下苦果。我国的道德观念和舆论对未婚少女怀孕是不能容忍的，于是有的少女因害怕别人知道，又没脸面向老师及家长交代，便装病偷偷到远离家的医院去做人流，术后又得不到充分的休息，给身体造成极大伤害。

有的少女甚至因自行买药打胎而死于非命，更有的少女在事情败露后，在家长的打骂、学校的惩罚、同学的冷眼嘲笑面前无地自容，甚至轻生。可见，早恋的结果，往往使少女成为最终的受害者。

第三，早恋会涣散意志，影响学校和班级风气。在学校里，一个班级如果出现了男女同学谈恋爱，会产生种种负面影响。一些人把早恋事件当作课余饭后谈论的焦点，探听恋爱者的行踪和隐私活动，相互传播取笑，转移了大家的学习兴趣和注意力。有的甚至羡慕、向往、效仿先例，积极寻找和物色异性朋友，影响了学校和班级的风气。

另外，早恋的男女学生热衷于单独与恋人在一起，为避人耳目，他们常去一些没有熟人、僻静的曲径幽巷，与恋人相依相偎。

他们也很少与班级多数同学正常交往，长此以往，这种二人世界会逐渐脱离大众，与集体和同学逐步形成隔阂，把自己推到孤立无援的位置上去。

第四，早恋的情感极不稳定。青春期少男少女谈恋爱，可以说都是在身心很成熟的情况下进行的，加上青少年没有经济基础，其经济来源多半依赖于父母。

因此，这种爱没有什么牢固的根基，是很容易中途夭折的。初入情网时，大家往往信誓旦旦或者山盟海誓。但随着时间的流逝，我们由中学进入大学，或走向社会，知识和阅历逐渐丰富，生活经验不断积累，真的成熟起来，便开始确立了各自的世界观，有了新的择偶标准。

过去曾经倾心挚爱的人，可能因为性格的变化，志趣爱好的不同而难以结合。到那时，他们回顾旧时的一段经历，会觉得似乎是一场游戏。

有人做过追踪调查发现，早恋者婚姻的成功率极低，中学时代相互热恋的人，最后能组成家庭的并不多。为这种最终苦果多于甜果的"爱"，而耗去大量最美好的时光，未免太可惜了。青少年朋友确实要仔仔细细地观察和体会这一事实。

## 2. 怎样避免早恋

有位作家说过，早恋是一朵带刺的玫瑰，我们常常被它的芬芳所吸引，然而，一旦情不自禁地触摸，又常常被无情地刺伤。

青少年要正确处理好自身的早恋问题，可以从如下几个方面入手。

第一，要清楚地认识到早恋的危害，用理智来战胜这不成熟的感情。早恋最直接的危害是严重干扰学习。由于整日整夜满脑子都在想着自己喜欢的那个异性，因此，会使你没心思去学习，也觉得学习没多大意思，上课注意力就难以集中。由于没有认真听讲，因此，学习成绩就会越来越差。

有人说：事业的引力，爱情的驱力，歧视与压迫的反作用力，是人生的三大动力。因此，早恋处理得好，可以产生"合动力"。有关统计材料表明，那些在中学时代就耳鬓厮磨、如胶似漆地恋着的，大都是学业荒废，爱情失败，甚至有的由"爱得深"变为"恨得深"。

相反，那些把爱深深埋在心底一心向学的青少年，多数不仅事业有成，而且能够赢得爱神的青睐。因此，青少年要把眼光放得远一点，要用理智战胜自己的感情。毅力的真谛是战胜自己，你能战胜自己，便会摆脱早恋。

第二，要注意心理卫生，不看不适宜的报纸杂志、影视节目，把精力投入学习中去，多看一些伟人的传记，培养自己的意志力，树立远大的奋斗目标。

有些青少年早恋或者单恋，喜欢夸大自己在对方心目中的地位，认为对方的一言一行都与自己有关，甚至是受自己影响的。

对方成绩下降，挨了老师批评，以为这是因为自己的缘故，因此，替对方难过；对方近日精神不振或者瘦了，认为这是因为对方想念自己的缘故，因此，自己很感动。青少年的这种心理，其实是一种"自作多情"。青少年在这种对异性的想念和思念中，除了使学习成绩下降外，还能得到什么呢！

第三，要正确处理早恋和男女生正常交往的关系。每一个步入青春期的少男少女，随着生理的逐步成熟，会开始关注异性同学，并希望了解他们，与他们交往，这是一种正常的心理现象。

青少年对异性的依恋并不是有些家长和老师所认为的那样，是一件丢人和见不得人的事。这与道德品质没有多大关系。绝大多数青少年都"早恋"或"单恋"过一个自己很喜欢的异性。关键是青少年如何正确处理早恋和男女生正常交往的关系。不要过分地敏感，不要以为异性对你好一点就是爱情，也不要动不动就向人家表达爱。

第四，多参加集体活动，分散独自喜欢一个异性的注意力，不要过多地与异性单独交往。我们通过参加有意义的集体活动，不仅可以陶冶自己的情操，树立远大的理想，还能获得同学们的帮助和友谊。

同时，这样做能分散你早恋的注意力，减轻你的烦恼。也能使你头脑冷静下来思考，淡化你对喜欢的异性的强烈情感。

第五，设法摆脱早恋。当有人向你表示爱意或求爱时，当你对异性萌生爱意时，可采取如下方法。

转移法：把精力转移到学习上去，用探求知识的乐趣来取代不成熟的感情。

冷处理法：逐步疏远彼此的关系，以冷却灼热的恋情。

搁置法：中止恋情，使双方的心扉不向对方开启，而保持着纯洁的、珍贵的友谊。

青少年朋友，当你读到这些方法之后，是不是会对自己懵懵懂懂的感情有了清晰的认识了呢？早恋确实要不得，但是我们也不能因为害怕早恋而断绝与所有异性之间的来往。只要有正确的交友观，从对方那里取长补短，来提高自己的智力活动水平，与异性交往也是无可厚非的。

# 友谊陷阱：哥们儿义气要不得

我国向来都把"义"看得很重。儒家尊崇的"仁、义、礼、智、信"中的"义"就排在第二位。人们对重情义的三国时期的大将关羽，奉若神明、顶礼膜拜。这些都充分说明了，我们大家对"义"的重视。

学生之间要不要讲点"义气"呢？要！但不能讲"哥们儿义气"。因为，哥们儿义气是一种基于无知和盲从，无情感基础的冲动，是一种非理智的行为，是与现代文明社会极不相容的行为。

"江湖义气"或"哥们儿义气"只讲"友情"不讲是非，与友谊有本质的区别，很多青少年就是因为分不清真正的友谊与"江湖义气"或"哥们儿义气"的区别而走上违法犯罪的道路。

让我们一起来看这样的一个故事：

在校学生段某敲诈了同学梁某、肾某的钱物，第二天，梁某约了三位朋友来"讨回公道"，那三人一听朋友受欺负，很是气愤，于是找到了段某，将其毒打了一顿。

段某遭到毒打很不服气，便找了四五个哥们，将梁某围堵在回家的路上，其中段某持刀，杨某等人手持钢管，致使梁某多部位软组织损伤。这几名青少年的行为已构成了犯罪，受到了法律的制裁。

故事中，不管是梁某找朋友毒打段某，还是段某找朋友砍杀梁某，这些行为其实都是电视上演的那种"黑帮片"里的"哥们儿义气"，这种义气，不是真正的友谊，只会让我们走入歧途。

那么，什么是真正的友谊呢？友谊是人与人之间相互尊重、相互信赖的基础上建立的一种美好的情谊。

真正的友谊不是在口头上的，要在行动上互相帮助。当遇到困难和危险时，朋友会无私地帮助你；如果有了烦恼和苦闷时，朋友会耐心地倾听，并且为你寻找一种合适的方法摆脱它；当你犯错误时，朋友会义无反顾地指出来，帮助你走出迷途。这才是真正的友谊。

没有朋友的人通常会感到孤立无援。朋友是成功的催化剂，是心灵的镇静剂，是快乐的源泉之一。

当然，友谊也需要讲义气，但是这种义气并非"哥们儿义气"。"哥们儿义气"不是真正的义气。义气者，刚正之气、正义之气也，它是人与人之间的道德关系。如果不辨是非地"为朋友两肋插刀"，甚至不顾后果，这不是真正的友谊，也够不上真正的义气。

汶川大地震中，年仅十几岁的马建硬是凭借着自己的一双手，挖了4个多小时，将同班同学从废墟中救出来。当他背着同学刚刚踏出校门的刹那，那处围墙轰然倒塌。如果再晚个几分钟，也许马建和同学都会被掩埋其中。

看，这才是真正的义气啊！如果哥们儿之间只是一味地盲从，没有原则、不守法度、是非不分、相护包庇，为了所谓的"朋友"，甘愿去杀人放火，被绳之以法时还叫嚷着"20年后又是一条好汉"，这难道算"义"吗？

哥们义气往往以维护小团体利益为出发点，为了报恩或复仇，不惜牺牲和损害社会或他人的利益，对不是自己的"哥们"则不讲感情，不讲友谊，最终结果必然导致害人、害己、害社会。

可见，哥们义气并不义气，而是流氓气、无赖气、地痞气和混世魔王气，没有一点点正义之气！"哥们义气"与友谊是不同的，每个人都渴望友谊，需要友谊，但是千万不可误把"哥们义气"当作友谊。二者是有本质区别的。

# 虚拟人生：和网瘾说bye-bye

21世纪是信息爆炸的时代，互联网的高速发展功不可没。但我们很多老师和家长视网络世界为"洪水猛兽"，我们青少年中有很多人也确实深陷网络的泥潭无法自拔。那么我们该怎样看待互联网呢？

"谈网色变"是不符合时代的发展的。面对网络最重要的是解决问题而不是回避问题。

我们青少年对自己的社会环境常常很敏感，崇尚时髦，追随社会上流行的风气，最易被感染或鼓动。网络是一把"双刃剑"，它在给我们青少年带来丰富知识、信息的同时，各种消极因素以及青少年对待上网的不正确态度等，也导致了青少年出现了诸多的心理问题。

## 1. 沉迷网吧的危害

如今，电子游戏室已从青少年朋友的生活中退出并销声匿迹，但作为电子游戏机后继者的网吧，则以另一种形式悄然占领了这块领地。

网吧作为新时代的产物，令人着迷，对青少年的影响则更为严重。网吧的适应面较为广泛，男女老少皆宜，而其内容较于电子游戏室也是更加丰富多彩的。

但它对人们的危害性丝毫不亚于电子游戏室，甚至有过之而无不及；而它对于青少年的危害则更为突出，因为泡网吧者多为青少年。

沉迷网吧有如下危害。

第一，网吧环境复杂。青少年行为易受不良影响。在这个复杂的地方，有着形形色色的人出入，青少年单纯的心灵在这里很容易会误入歧途。青少年由于自控能力薄弱等自身原因，加上网吧的混乱管理等诸多客观因素，让网吧的世界很精彩，也很无奈。

第二，网络设置不严。部分网吧中未设置不良信息过滤器，所以会有各种不健康的信息自动或在青少年不经意的鼠标点击下跳出，如果青少年不能有效地辨别其健康与否，那么这种不健康的信息就会毒害青少年的思想，影响心理健康。

第三，电脑辐射大。在网吧中至少会有五六十台电脑设置，主机箱与显示器离得也较近，这样就会产生大量的强辐射，会给青少年的健康造成巨大的伤害。

显示器的辐射容易导致近视，也很容易使皮肤干燥缺少水分，引起斑点；电脑主机箱的辐射会让人体的内脏受到严重损伤。再加上长期上网保持一个姿势，会造成身体血液循环不畅，细胞长时间无法进行有氧呼吸，更严重的会患上颈椎病、腰椎病等，这对我们青少年的身体所造成的健康损伤实在是太大了！

第四，摧残身体。青少年由于长期泡吧导致过度疲劳，再加上网吧空气不流通，人口密度大，烟味、汗臭味、食品味等，可谓是味味俱全；打闹声、机器声、脏话声等，经常是不绝于耳。这些飞舞着无数细菌和脏话的环境，严重影响着青少年的身心健康。

由于在网吧里，社会各个阶层的人都有，所以难免会有抽烟者，青少年长期处于这种环境中，成为被动抽烟者，必然会对其身体带来伤害。

一般情况下，玩通宵的网迷从网吧走出来时，都是眼睛红肿、两腿无力、蓬头垢面。青少年正处于生长发育的重要阶段，如果不分昼夜、不知饥渴地长时间泡网吧，对其身体的摧残程度不亚于毒品的危害。

### 2. 血的教训

我们看下面这个故事，也会发现，故事中的主人公就是因为对网络欲罢不能而毁掉前途。故事讲的是：

有一位英俊帅气的小伙子叫作刘浩。他的父母都是教师，刘浩在初中升高中时以全校第一名的优异成绩进入了一个颇有名气的"优等班"。刘浩的成绩一直在班上是数一数二的。

但突然在一段时间以来，他的成绩却急剧下滑，据老师反映，刘浩逃课已成了家常便饭。

原来刘浩上高二后就迷恋上了网，在高考前一天的晚上，刘浩出现了精神分裂被送往医院治疗，这本来可以前程似锦的小伙子就这样被毁掉了⋯⋯

和刘浩类似的故事还有很多，其中一个最令人心痛的就是沉迷于网络游戏，竟喝农药自杀以求解脱的徐攀。那么，是什么原因让徐攀在16岁这个花一样美好的季节里，选择这么极端的方式来结束自己的生命呢？难道是学习压力过大，或是缺少家庭关爱？

其实，在老师、同学、邻居们的眼里，徐攀都是一个幸福的人，他不但生活在一个幸福的家庭之中，经济状况较好，拥有父母的关爱，而且还没有升学的压力。

由此可见，徐攀不可能是因为学习和家庭的原因而走上了绝路。在徐攀服农药被发现的抢救过程中，他向父母讲述了自己自杀的原因，还有离家11天的出走经历。

为了好好打网络游戏而不被父母找到，徐攀并没有像往常一样前往县城里的网吧，而是去了一个乡镇里的网吧。

开始他一天吃一袋方便面，后来，三天才吃一袋方便面，晚上，三个椅子拼起来往上一躺就睡了。在这期间，没有任何人关心或过问这个少年的冷暖饥饱。

对于徐攀喝农药的原因，他向自己的父亲解释说："我喝毒药就是想让你们救不活我。因为我已经玩够了。"

徐攀对自己的母亲说："妈，对不起，我管不住自己，我就是想玩，我管不住自己的手，我也不想惹妈妈生气，不想对不起妈妈，可我就是控制不住自己，就是想要玩。我不管白天还是夜晚，脑子里总想着游戏，夜里想着游戏总是睡不着，就是想玩。"

一直到徐攀死前，说的最后几句话是："有妖怪过来了。杀光！"在病床上，徐攀的手还在动，似乎还在打着游戏。

网络游戏好玩在哪儿？若仔细观察就会发现，网络之所以能吸引青少年，事实上正是那种长期反复进行重复操作的过程，青少年体验着这样的古怪模式：一方面聊天、玩游戏吸引着自己投入其中，另一方面又不惜为此花费大量的时间、精力和金钱。

当然，最终意义还在于自己有目的地操控时间，为了游戏积分能升级，不厌其烦地一直不停地玩，只有这样，他才会感觉到时间是属于自己的，而自己也是有所为的，让人有一定的成就感和充实感。

而这样的充实过后呢？又开始感觉精神空虚，生活和学习为什么会空虚，这完全在于时间无从打发。于是，在漫无目的中，青少年就会沉迷于网络世界虚拟的精彩里。

### 3. 从网络回归现实

染上"网瘾"真的很可怕，而且后果很严重。有网瘾的青少年朋友一定要与"网瘾"作斗争，努力从网络中回归现实。

第一，营造健康的环境。在一个民主、和睦、丰富多彩的家庭生活的青少年，通常是不会沉迷于网络当中的。因为，和谐的生活环境给了我们足够的自由、平等和快乐。因此，青少年要学会与父母谈心，同时对待父母也要像朋友般的理解和宽容。

青少年如果发现自己有上网成瘾的倾向，可以让父母或同学对自己进行督促，并且要积极地配合他们的监督工作，以便自己早日摆脱网络的困扰。要让自己生活在一个良好的空间当中，要加强自己对外沟通和交流能力。将自己的想法，说给父母或同学、老师听，听听他们的想法，让他们为自己提供宝贵的意见，不要一味地逃避。

第二，学会自我调节。具有消极心理的青少年可以拿出两张白纸，一张写出自己能够成功的理由，另一张写出失败的教训，然后把两者作个对比，把失败的理由逐个予以否定，比如"粗心大意"，可以修正为"我上次考试成绩那么好，这说明只要我认真对待，今后还是可以取得好成绩的"。

青少年要不断地去挖掘自己成功的理由，并加以肯定。这样在自我调节中就会慢慢地从消极心理中走出来，还会拥有更多的自信和勇气。

第三，适应上网。网络本身不是洪水猛兽，所以没有必要刻意去逃避它；更何况，在信息时代，网络无处不在，这是无法逃脱的。所以，青少年不要一味地回避上网，毕竟现在是一个网络的时代，你可以正确地、科学地上网，浏览一些对自己有益的网页，找一些相关的学习资料。可以跟自己约法三章，允许自己上网，但必须遵守一些规定或者限制上网时间，久而久之，就会对网络形成一个正确的认识。

第四，转移注意力。一个人如果在遇到挫折感到苦闷、烦恼、情绪处于低潮时，就暂时抛开眼前的麻烦，把注意力转移到较感兴趣的活动和话题中去。试着用美好回忆来冲淡或忘却烦恼，从而把消极情绪转化为积极情绪。

当自己总是控制不了地想上网时，可以有意识地转移注意焦点，想一些其他比较感兴趣的事，也可以跟同学或朋友出去逛街、看电影、聊天、看书等。

亲爱的青少年朋友，不知道你是不是一个"网络瘾君子"，如果不是的话，那么恭喜你！如果你已经被网瘾折磨，那么你可以尝试上面所讲述的方法，让自己尽快从网络中回归到现实世界，相信你是可以做到的。


# 迷失季节：别让追星成了病


青少年朋友，你还记得笑星郭达和蔡明演过的一个小品叫《追星族》吗？你们当时看这个小品的时候，是否发现自己就是小品中疯狂追星的小女孩呢？你们是不是也有把身上"幸福的泥点子"保存起来的经历呢？

在这里，我要提醒你的是，疯狂追星不可取，但是我们的生活仍然需要榜样。

追星，在当今社会是一种很普遍的现象，"追星族"这个名词越来越普遍，尤其是青少年，似乎是"追星"的易感人群，对于自己所崇拜的偶像，看他主演的每一部影片，听他唱的每一首歌曲，对他的比赛更是一场不缺。谈到偶像的一切，都如数家珍。我们这种"追星"现象到底该如何看待呢？

有心理学者指出，青少年的追星行为有如"青春痘"，是青春期不可避免的现象。这与我们青少年所处的年龄阶段的心理特点有着直接的关系。偶像崇拜是青春期的心理特征之一，是青春期心理需求的反映。就人生发展阶段的规律来说，这种现象不值得大惊小怪。

我们的父辈们像我们这个年纪的时候也会追星，他们追随的明星和我们追随的明星是完全不同的。他们会崇拜带领中国人民站起来的毛主席，他们会崇拜天天做好事的雷锋，他们会崇拜为国家的石油事业奋斗的铁人王进喜，他们崇拜的是保护国家财产不被损失的草原英雄小姐妹……

　　可是我们崇拜的人呢？大多数都是唱歌的歌星或者演戏的电影、电视明星。有的追星族甚至作出令人瞠目结舌的追星举动，他们这样盲目地追星，最后会造成很多悲剧发生。

　　　　2003年4月1日，身兼歌星、影星的张国荣跳楼自杀，震惊港台演艺圈，也震惊了无数喜欢他的歌迷，很多歌迷都无法接受张国荣已经死了的事实。

　　　　大连一位16岁的少女只因父母不给她买张国荣的CD碟，在家中自杀身亡以示抗议；一位17岁的少女在张国荣死后的第二天，就不再上学，只待在自己的小屋里听着张国荣的歌，两年里足不出户；一名因喜欢张国荣而辍学的少女，因忍受不了父母的责怪和偶像张国荣去世的打击，拿起刀片割腕自杀。虽经抢救脱险，但她对生活已经心灰意冷。

　　如何正确地追星、健康地追星？如何通过安全理性的方式来抒发自己对偶像的喜爱之情，并以其优点为榜样，在学习和生活中严格要求自己，培养自己积极奋进的精神？

　　对于追星族来说，摆正心态是最重要的。明星是自己的偶像，并不在于他的外表，而是他们艰苦奋斗成功的精神。也就是说，追星族所追求的应是明星成功前的奋斗精神和顽强毅力，对工作的认真态度，而不是他们无聊的八卦新闻，或者在舞台上有多么的光辉夺目。

就如郑智化，2岁时就患小儿麻痹症，直到7岁时通过手术才能靠双拐走路。可他身残志不残，通过自己自强不息的毅力打造了一片属于自己的天，唱红了大江南北，实现了自己的理想。

追星是为了帮助自己进步，而不是为了某一个明星而失去自己。如果我们能将他们身上一些值得学习的品质放在我们学习上，这样就不会有那么多为了明星自杀发昏的悲剧发生了。

虽然对我们青少年来说，追星是一种正常的心理需求和行为表现，但也要把握好分寸，要做个有品位的"追星族"。

第一，不盲目追星。你所崇拜的应该是真正值得你崇拜的，是那些高超的人格与气度，而不是虚有的外表；是那些不仅仅可以吸引你目光的光鲜，更应该是能震撼你的心灵的东西。

事实上，在我们的生活中，明星远不止影视歌星和体育明星，还有众多的科学之星、政治之星、思想之星、技术之星……他们给我们人类带来的是更大的幸福和财富，更值得去学习。

第二，不疯狂追星。不要把时间和金钱全部用在追星上。几乎所有的人，当他从青年走向中年时都会发现偶像毕竟是偶像，他们往往是昙花一现。当稚嫩的心逐渐成熟，明星的"星"光就会逐渐暗淡。追星也就没有什么可夸耀的，更不应该成为你生活的全部。所以，不要在追星中失去你自己，因为你最终只能成为你自己，不会有任何的改变。

第三，培养具体的兴趣爱好。追星不是生活的全部，你可以培养一两种具体的兴趣，如音乐、舞蹈、体育项目、航模、收藏、制作等，这样，既可以使你的追星兴趣得到适当的降温，也可以使你把精力和时间顺利地转移到健康有益的兴趣上来。

第四，善于吸取积极的人生经验。一个好的偶像能使人的生活变得充实、丰富，生活的目的更加明确！慎重地选择值得追的星，以他为榜样和偶像，在给你的生活增添色彩的同时，"超过他，也成为明星"的念头会激起你更多的潜能！

偶像崇拜是青少年对人生追求的体验，是人生的一个重要过程，每个时代的青少年都有自己人生的理想，心目中追求的人生目标和偶像，当前的追星也是这样。但是，要知道凡事都有一个度，过度，就会走向反面。

在追星而发烧时，应留给自己一点理智，多看一点现实，少回味一点梦幻，多一点创造，少一点模仿……正确认识追星现象，正确引导追星情结，把学习放在首位，成为德智体全面发展的社会主义建设人才。

# 焦虑青春：烦恼无须庸人自扰

21世纪，是一个充满焦虑的时代。心理学博士凯伦·撒尔玛索恩女士说："我们的生活有太多不确定的因素，你随时可能会被突如其来的变化扰乱心情。"

## 1. 焦虑的症状

焦虑是一种心理状态，已被列入心理疾病的行列。在这个充满不确定因素、浮躁涌动的时代中，人们很容易生活在焦虑当中。

这种病症以青少年居多，其中以女孩子最为多见。这类青少年常常因学习成绩差，对陌生环境反应敏感，而紧张不安，甚至惶恐不安，敏感多虑。对老师的批评，同学的看法异常敏感，常常担心被别人嘲笑。过分地关注尚未发生的情况，并会因此毫无根据地变得烦躁。

这类青少年突出的表现是经常处于过度担忧、害怕的状态，对日常一些微不足道的小事，也显得过分焦虑。

心理焦虑多为内在的症状，外显性不强。焦虑使人长期处于烦躁、急切、提心吊胆、紧张不安的心境，让人感到似乎就要大难临头或危险迫在眉睫，但实际上并不存在什么危险或威胁，却也不知道为什么如此不安。

当焦虑症发作时，其表现为过度烦躁，焦虑不安，睡眠不好，出现做噩梦、讲梦话、食欲不振、心跳、气短、出汗、尿频、头痛等植物神经功能失调的症状。

心理焦虑会对青少年的日常生活及成长产生严重的影响。心理焦虑的青少年可能会不断地担心自己的学习成绩，尤其是在各种考试之前，便会异常的紧张，寝食不安，精神不振。焦虑的特点是没有明确对象和具体内容的恐惧。

## 2. 焦虑的危害

心理焦虑的人就像一个放哨站岗的士兵，每时每刻都对周围环境的每个细微动静充满警惕。由于他们无时无刻不处于一种警惕状态，所以精神非常疲劳，从而影响他们的学习与生活。

青少年正处于心理发展期，是心理调节的不稳定期，也是人一生中焦虑反应发生的高峰期之一。我们对此不可掉以轻心，因为如果不能及时调理，焦虑反应持续下去危害很大，可逐渐发展成为神经衰弱，对日后身心健康影响颇大。所以，青少年朋友，远离心理焦虑问题，十分必要。

### 3. 战胜焦虑

虽然说焦虑心理是我们青少年成长中必然会遇到的一种情况，这也是社会发展的必然产物，但要想快乐地成长生活，适应社会和环境，就不得不克服这种心理状态。下面，我们来介绍几种战胜焦虑的方法。

第一种，就是保持情绪稳定。对突如其来的事物和一些与自己关系重大的事情，青少年朋友在开始面对它们时，生理上会发生急剧变化、心跳加快、呼吸急促、两手发抖、手心冒汗、这是由于过分焦虑和恐惧引起的。

这种表现主要是由于过度紧张，使脑神经活动的兴奋与抑制丧失平衡，从而出现难以控制的心慌、不安、紧张，使思维处于抑制状态。其实，适度的紧张对人是有一定益处的，它可以进一步调动人体的各种机能，使思维更加活泼，产生一种增力作用。

第二种，学会在水边散步。有研究指出，因为在婴儿时期便置身羊水中，因此人与生俱来就是亲水的。在水边散步，能有效地帮助人放松身心，即使烦恼再多，在有绿树有流水的环境中，你也能暂时抛开一切，为自己"偷"得片刻悠闲。

第三种，正确估计自己，树立自信心。在日常学习和生活中，青少年朋友应该多考虑我要怎么做，要如何进取；在各种社交场合，应顺其自然地表现自己，不要总考虑别人怎么看待我，我要怎么迎合别人。

第四种，保持良好的精神状态和身体状态。精神要尽量放松，遇事有恐惧感的人往往吃不下，睡不着，惶惶不可终日，对其身心健康危害极大，为防止这种现象的发生，应该在思想上不过分夸大事物与个人得失的关系；另外，要保持良好的身体状况，不要过分疲劳。大脑过度劳累会造成头昏耳鸣，兴奋与抑制过程失调，神经活动机能减退，加剧心理紧张程度。

第五种，正确看待自己。青少年应该学会比较客观地认识自己和评价自己的能力，把握好自己的方位和坐标，看准机遇，发挥自己的作用，并不断地在快节奏中提高自己的心理承受能力，在各种事件中基本保持心理平衡。尤其是在学习中不要过分注意自己的弱点，多想自己的长处。

有了这些战胜焦虑的法宝，敏感的青少年朋友就能够客观地对待内心焦躁不安的情绪了。做一个充满阳光气息的青春少男少女，也就不是什么难的事情了。

# 珍爱生命：人的生命只有一次

有一天，一个朋友在QQ签名上写下这样一句话："我们要好好活着，因为我们会死很久。"这句话看起来让人有些忍俊不禁，可是仔细一想这句话的深层次含义，就豁然开朗了。

或许我们经历过很多磨难，或许我们不止一次地想结束自己混乱的生活，或许我们因为压力过大而想选择离开人世。可是青少年朋友，你想过没有，我们的生命只有一次，如果浪费掉岂不是很可惜。好好活着，无论你经历了什么样难以忍受的磨难，只要你还活着，人生就还有希望。

青少年自杀是一个社会问题，它的原因是多方面、多层次的，并不是如一般人们最后看到的某一事件所导致，每个个案都有各自不同的因素，根源在于长期的负性累积，最后因无法承受才采取自杀行为。自杀的原因归根结底表现在以下几个方面。

### 1. 社会因素

当前社会是一个变革中的社会，人们的思想理念、利益分配、生活方式也发生了剧变，当代学生成为这些变化的直接承受者。这种变化主要体现在两个方面。

一方面是就业压力的增大。过去学生就业统一由国家包分配，"皇帝女儿不愁嫁"。现在就业市场竞争激烈，"双向选择"对人的综合素质要求提高了。学生一入学就考虑毕业找工作的事：社会会不会挑选我，我需要什么能力来让社会挑选我？

面对即将踏入激烈竞争的社会，不少学生都会有一定程度的心理恐慌。学生一旦大学毕业，发现十几年的辛勤苦读并不能从社会中获得做大事、当大官、挣大钱的机会。这种心理上的落差，使得很多学生产生了一种价值观上的失衡，进而产生了焦虑、抑郁等一系列的心理问题。

另一方面，现在是一个急剧变化的时代，有着太多不可知的因素，对社会的判断、评判都会产生相对性观念，而没有一个"终极"的概念。在这种极度不稳定的社会状态下，人生的事情变成每一天、每一件具体的事情。

在很多学生，包括成年人的眼里，找到恋人、找到一份好的工作，每一件眼前能把握的事情就成了生活的全部，一旦失恋、就业受挫，就什么意义都找不到了。

这种对未来的茫然和不确定感，往往使得很多学生感受不到生命的真正意义，而容易选择极端的解决方式。

## 2. 家庭因素

现在绝大多数孩子都是家里的"独苗"，父母对孩子成才都有较高的期待，这给孩子带来很多有形和无形的压力。这些压力，在很多情况下都超过了年轻的他们所能承受的范围，很多时候原本是一次小小的失败，在父母的压力下，也会让他们产生很强的挫败感，对自己作出全盘否定。

这一代的孩子，家庭和学校为他们设置了过于优越的环境，很多孩子从小到大没吃过什么苦，也没经历过什么挫折，过于顺遂的人生其实是一种变相的社会隔绝，造成他们认识的社会和身处的社会有着巨大的差异，不适应、怀疑、对抗等现象层出不穷。

面对一些失败和不适应时，孩子们的应对能力也远远不够，因而他们的心理问题最多。而大部分的家长，更多的是关注孩子的身体健康、物质条件的满足，而缺乏与孩子内心的交流，因此，一旦孩子遇上问题，很难从家庭中获得支持。

## 3. 性格因素

自杀的人一般性格都比较内向，具有自卑、依赖性强、情绪不稳、固执、敏感多疑、心理闭锁等许多不利的性格特征。这种偏执型人格，常会导致当事人对事物产生歪曲的认识以及消极悲观的情绪。此外，青少年缺乏责任感，以自我为中心的通病是使他们产生轻生念头并最终走向自杀的主要原因。

## 4. 认知因素

青少年的自杀往往是错误地评估了世界、错误地评估了自己。心理问题的出现，也是由于这些情况的长期存在而又得不到及时有效的自我调整造成的。

常易出现的认知歪曲有"绝对化思维"，这是指非好即坏、非此即彼的思维模式，例如"如果我不能使男朋友回心转意，就没有活下去的意义"。这种思维方式，没有中间缓冲余地和其他任何抉择，大多数人具有调节或忽视绝对化思维的能力，但自杀者缺乏这种灵活性。

### 5. 行为因素

心理学研究发现，有自杀倾向或自杀未遂的学生，他们在问题解决技巧上缺乏信心，在问题解决的尝试上较少有系统性和主动性，在问题情境上感到控制能力薄弱。且在问题解决上较为被动，趋向于让问题自行解决或在解决上依赖他人。

这类人缺乏灵活变通能力，几乎从不努力去解决问题，也很少考虑到将来和他人。一旦遇到负面生活事件时，就有可能产生无能、无助感而逃避现实选择自杀。

此外，还有一些因素也容易引起学生的自杀行为。比如天气因素，春季是心理健康患症高发期，自古就有"菜花黄，人癫狂"的俗语，春天属于生发季节，容易引起"伤春情绪"。

同时，他人的自杀行为确实会给一些想自杀的人暗示、鼓励和支持，原来不敢做现在却可能敢做。他会认为这是一种解决问题的办法，因此发生效仿行为。

保尔·柯察金曾经说过："人最宝贵的是生命，生命对每一个人来说都只有一次。"而我们青少年的生命是含苞欲放的花朵，即将绽出迷人的光彩，美丽却又娇弱，更应好好珍惜，不要让它过早地凋谢。

# 剖析自我：你的心理健康吗

青少年朋友，你是否让压力驾驭和干扰了你的生活呢？来，不妨先做个小小的测试，来了解一下自己心理的健康状态吧！

1. 感觉自己很少做对事情。

2. 感觉被强迫、被欺负、被逼入绝境。

3. 经常性的消化不良。

4. 常常感觉胃口不好。

5. 经常性的失眠。

6. 头晕眼花，心跳过速。

7. 被失望的感觉包围。

8. 疲惫不堪，心力交瘁。

9. 对琐碎的事情极度烦躁。

10. 晚上无法放松自己。

11. 半夜或凌晨常常被惊醒。

12. 难以做决定。

13. 充满担忧与恐惧。

14. 即使对充满希望的利益也缺少热情。

15. 不愿意尝试新的经验。

以上15题中，如果有一半以上的题目你的回答都是"是"的话，那你就一定要警惕了。因为你已经在压力的负担下产生了很多的身心困扰，如果不及时调整和放松的话，极可能会有更大的问题产生。